中国古村落

韩霞 编著

中国商业出版社

图书在版编目（CIP）数据

中国古村落 / 韩霞编著. -- 北京 : 中国商业出版社, 2014.12（2022.7 重印）

ISBN 978-7-5044-8573-1

Ⅰ. ①中… Ⅱ. ①韩… Ⅲ. ①村落-介绍-中国-古代 Ⅳ. ①K928.5

中国版本图书馆 CIP 数据核字（2014）第 299202 号

责任编辑：刘洪涛

中国商业出版社出版发行
010-63180647 www.c-cbook.com
（100053 北京广安门内报国寺 1 号）
新华书店经销
三河市吉祥印务有限公司印刷
*
710 毫米×1000 毫米 16 开 12.5 印张 200 千字
2014 年 12 月第 1 版 2022 年 7 月第 2 次印刷
定价：25.00 元
* * * *
（如有印装质量问题可更换）

《中国传统民俗文化》编委会

序　言

中国是举世闻名的文明古国，在漫长的历史发展过程中，勤劳智慧的中国人创造了丰富多彩、绚丽多姿的文化。这些经过锤炼和沉淀的古代传统文化，凝聚着华夏各族人民的性格、精神和智慧，是中华民族相互认同的标志和纽带，在人类文化的百花园中摇曳生姿，展现着自己独特的风采，对人类文化的多样性发展做出了巨大贡献。中国传统民俗文化内容广博，风格独特，深深地吸引着世界人民的眼光。

正因如此，我们必须按照中央的要求，加强文化建设。2006 年 5 月，时任浙江省委书记的习近平同志就已提出："文化通过传承为社会进步发挥基础作用，文化会促进或制约经济乃至整个社会的发展。"又说，"文化的力量最终可以转化为物质的力量，文化的软实力最终可以转化为经济的硬实力。"（《浙江文化研究工程成果文库总序》）2013 年他去山东考察时，再次强调：中华民族伟大复兴，需要以中华文化发展繁荣为条件。

正因如此，我们应该对中华民族文化进行广阔、全面的检视。我们应该唤醒我们民族的集体记忆，复兴我们民族的伟大精神，发展和繁荣中华民族的优秀文化，为我们民族在强国之路上阔步前行创设先决条件。实现民族文化的复兴，必须传承中华文化的优秀传统。现代的中国人，特别是年轻人，对传统文化十分感兴趣，蕴含感情。但当下也有人对具体典籍、历史事实不甚了解。比如，中国是书法大国，谈起书法，有些人或许只知道些书法大家如王羲之、柳公权等的名字，知道《兰亭集序》

是千古书法珍品,仅此而已。

再如,我们都知道中国是闻名于世的瓷器大国,中国的瓷器令西方人叹为观止,中国也因此获得了“瓷器之国”(英语 china 的另一义即为瓷器)的美誉。然而关于瓷器的由来、形制的演变、纹饰的演化、烧制等瓷器文化的内涵,就知之甚少了。中国还是武术大国,然而国人的武术知识,或许更多来源于一部部精彩的武侠影视作品,对于真正的武术文化,我们也难以窥其堂奥。我国还是崇尚玉文化的国度,我们的祖先发现了这种“温润而有光泽的美石”,并赋予了这种冰冷的自然物鲜活的生命力和文化性格,如“君子当温润如玉”,女子应“冰清玉洁”“守身如玉”;“玉有五德”,即“仁”“义”“智”“勇”“洁”;等等。今天,熟悉这些玉文化内涵的国人也为数不多了。

也许正有鉴于此,有忧于此,近年来,已有不少有志之士开始了复兴中国传统文化的努力之路,读经热开始风靡海峡两岸,不少孩童以至成人开始重拾经典,在故纸旧书中品味古人的智慧,发现古文化历久弥新的魅力。电视讲坛里一拨又一拨对古文化的讲述,也吸引着数以万计的人,重新审视古文化的价值。现在放在读者面前的这套“中国传统民俗文化”丛书,也是这一努力的又一体现。我们现在确实应注重研究成果的学术价值和应用价值,充分发挥其认识世界、传承文化、创新理论、资政育人的重要作用。

中国的传统文化内容博大,体系庞杂,该如何下手,如何呈现?这套丛书处理得可谓系统性强,别具匠心。编者分别按物质文化、制度文化、精神文化等方面来分门别类地进行组织编写,例如,在物质文化的层面,就有纺织与印染、中国古代酒具、中国古代农具、中国古代青铜器、中国古代钱币、中国古代木雕、中国古代建筑、中国古代砖瓦、中国古代玉器、中国古代陶器、中国古代漆器、中国古代桥梁等;在精神文化的层面,就有中国古代书法、中国古代绘画、中国古代音乐、中国古代艺术、中国古代篆刻、中国古代家训、中国古代戏曲、中国古代版画等;在制度文化的层面，就有中国古代科举、中国古代官制、中国古代教育、中国古代军队、中国古代法律等。

此外，在历史的发展长河中，中国各行各业还涌现出一大批杰出人物，至今闪耀着夺目的光辉，以启迪后人，示范来者。对此，这套丛书也给予了应有的重视，中国古代名将、中国古代名相、中国古代名帝、中国古代文人、中国古代高僧等，就是这方面的体现。

生活在21世纪的我们，或许对古人的生活颇感兴趣，他们的吃穿住用如何，如何过节，如何安排婚丧嫁娶，如何交通出行，孩子如何玩耍等，这些饶有兴趣的内容，这套"中国传统民俗文化"丛书都有所涉猎。如中国古代婚姻、中国古代丧葬、中国古代节日、中国古代民俗、中国古代礼仪、中国古代饮食、中国古代交通、中国古代家具、中国古代玩具等，这些书籍介绍的都是人们颇感兴趣、平时却无从知晓的内容。

在经济生活的层面，这套丛书安排了中国古代农业、中国古代经济、中国古代贸易、中国古代水利、中国古代赋税等内容，足以勾勒出古代人经济生活的主要内容，让今人得以窥见自己祖先的经济生活情状。

在物质遗存方面，这套丛书则选择了中国古镇、中国古代楼阁、中国古代寺庙、中国古代陵墓、中国古塔、中国古代战场、中国古村落、中国古代宫殿、中国古代城墙等内容。相信读罢这些书，喜欢中国古代物质遗存的读者，已经能掌握这一领域的大多数知识了。

除了上述内容外，其实还有很多难以归类却饶有兴趣的内容，如中国古代乞丐这样的社会史内容，也许有助于我们深入了解这些古代社会底层民众的真实生活情状，走出武侠小说家加诸他们身上的虚幻的丐帮色彩，还原他们的本来面目，加深我们对历史真实性的了解。继承和发扬中华民族几千年创造的优秀文化和民族精神是我们责无旁贷的历史责任。

不难看出，单就内容所涵盖的范围广度来说，有物质遗产，有非物质遗产，还有国粹。这套丛书无疑当得起"中国传统文化的百科全书"的美誉。这套丛书还邀约大批相关的专家、教授参与并指导了稿件的编写工作。应当指出的是，这套丛书在写作过程中，既钩稽、爬梳大量古代文化文献典籍，又参照近人与今人的研究成果，将宏观把握与微观考察相结合。在论述、阐释中，既注意重点突出，又着重于论证层次清晰，从多角度、多层面对文化现象与发展加以考察。这套丛书的出版，有助于我们走进古人的世界，了解他们的生活，去回望我们来时的路。学史使人明智，历史的回眸，有助于我们汲取古人的智慧，借历史的明灯，照亮未来的路，为我们中华民族的伟大崛起添砖加瓦。

是为序。

傅璇琮

2014年2月8日

前　言

古村落是中国古代最基层居民的生活中心，处处充满着先民生活的痕迹。

散落在中国大地上的古村落犹如一颗颗璀璨的文化明珠。这些古村落往往选址在山清水秀的自然环境之中，既有江南村镇的“小桥流水人家”，又有皖南山区的粉墙黛瓦、牌楼戏台；既有“山深人不知”的桃花源式的村落，又有依山就势、鳞次栉比的黄土高原的窑洞村落。亲历这些古村落，仿佛让人立时进入一个久远的时空，不仅能够让你欣赏如画般的自然风光，而且能够让你体验古人的生活环境和探寻乡村的历史文化。它像一件历尽沧桑的文物，既有着古朴而精美的外表，又承载着相当丰富的文化内涵。如果你仔细地倾听，它似乎还在讲述一个个优美动人的传说和故事。

古村落作为一种传统聚落类型，充分体现出中国传统哲学的“天人合一”的整体观念，反映了人与自然的和谐相处。因此，中国古村落是一种典型的文化生态型聚落，是中国乡土文化活的载体，对中国古村落的研究，可以为今天的人居环境学和人居文化学提供范例。中国古村落在选址、布局、规划建设中表现出来的出世与归隐的人格理想、以“天人合一”为主题的风水观念、重视自然山水充满诗情画意的审美意识、长幼有序、重于沟通的宗族意识，等等，对今天的人居文化学研究，一定会大有启迪。

中国大多数位于郊野或山区的村落，往往结合地理条件，村落房舍融于大自然之中，与山水田园构成一处处和谐的生态环境。尤其是那些位居山区的小村落，几亩薄田映衬出依山而筑的几户人家，极富农家的诗画境界。这种充分结合自然的优良思想缘于祖宗的传承，这里没有过多的规矩，重要的是更好地结合自然来安排家园。李商隐诗曰："身无彩凤双飞翼，心有灵犀一点通。"今天，古村落离我们的现代文明是越来越远了，但是，古村落所孕育的文化精神和人格理想却与现代人的心灵是能够相通的。许多古村落的创始人在创造之初往往不满于现实政治的黑暗，因此希望寄情山水，避居于偏远，在青山绿水中求得一份心灵的安宁与超脱。我们说，这是一种生活理想，也是一种审美理想。即使在今天，人类在物质需求越来越多地被满足的同时，我们仍然需要这种超脱的文化精神和人格理想，需要一些宁静致远的精神境界和与亲近自然山水的心态。大概这就是古村落为什么能够引起人们的关注和欣赏的根本原因。

本书不是研究古村落的专著，只是为读者选择性地介绍一些具有代表性的古村落，期望能够给读者了解、欣赏古村落带来一些助益。

目录

第一章　中国古村落漫谈

第二章 谜一样的中国古村落

第三章 历史中走来的古山寨

第四章　原始的氏族村落

第五章　原汁原味的桃源古村落

第七章　尘封的古村落

第一章

中国古村落漫谈

散落在中国大地上的古村落犹如一颗颗璀璨的文化明珠。这些古村落往往选址在山清水秀的自然环境之中，既有江南村镇的“小桥流水人家”，又有皖南山区的粉墙黛瓦、牌楼戏台；既有“山深人不知”的桃花源式的村落，又有依山就势、鳞次栉比的黄土高原的窑洞村落。

第一节 中国古村落的产生与演变

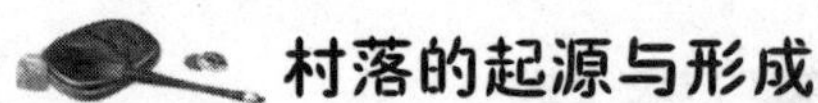

村落的起源与形成

村落，主要指大的村落或多个村落形成的群体，常用作现代意义上的人口集中分布的区域，包括自然村落（自然村）、村庄区域。村庄是人类村落发展中的一种低级形式，在这里人们主要以务农为主，所以村庄又叫作农村。它们拥有少量工业企业及商业服务设施，但未达到形成建制镇的标准。而大的自然村落里，人口居住相对集中，由成片的居民房屋构成建筑群。

村庄村落约起源于旧石器时代中期。随着人类文明的进步，原始人为了生存延续，单独生活是相当困难和危险的。起初一伙人聚在一起，为了更好地生存延续就形成了大群人聚集在一起生活。后来，在原始公社制度下，形成了以氏族为单位的村庄村落。虽然乡村村落始终是村落的主要形式，但是进入资本主义社会以后，城市或城市型村落广泛发展，乡村村落逐渐失去优势而成为村落体系中的低层级的组成部分。

村落由各种建筑物、构筑物、道路、绿地、水源地、田园等物质要素组成。村庄的最大特点是人们以土地资源为生产对象，“靠天吃饭”是其真实写照，按资源性质分类，可分为种植业村落、林业村落、牧村、渔村以及具有两种以上部门活动的村落等。因此，从这个意义上来看，村庄一般是指居民住宅集中生活区域，通常主要分布在平原、盆地的居住地形。大的“村庄”可以包括一个、多个村（行政村），或形成集镇。很多村庄形成了现代意义的镇（行政建制镇）。

中国黄河流域仰韶文化早、中期的村落中，居住房屋都是半地穴式的，

如甘肃秦安县大地湾遗址、陕西临潼姜寨遗址、河北易县北福地史前遗址、内蒙古敖汉旗宝国乡兴隆洼文化村落遗址等。而青海省西宁市大通县长宁乡长宁村齐家文化遗址、内蒙古及辽西红山文化遗址等地的房屋，半地下式与地面式并存。这正是原始社会居住房屋发展的共同特点。

秦安大地湾遗址

而中国的长江流域，由于地理环境优越，早于黄河流域及华北、华东地区，在距今5000年前早已进入农耕文化时代，如湖南洪江地区的高庙文化遗址、湖南澧县城头山文化遗址、浙江余姚县河姆渡文化遗址、太湖地区余杭良渚文化遗址等地的村落，已在地面上建起榫卯结构的干栏式木房屋。

深埋地下的远古村落

人类村落的早期形态是村落。《汉书·沟洫志》中说：“或久无害，稍筑室宅，遂成村落。”村落的本义是指人类居住的场所，之后不断扩展为人类聚居的场所。原始村落是在原始人类走出自然洞穴并从事原始农业之后，人们按照氏族血缘关系在江河两岸或湖沼周围以及其他开阔而安全的地点兴建的聚居场所，不同的氏族聚居地形成一个又一个的“聚”。《史记·五帝本纪》中说“一年而所居成聚”，表明了“聚”是定居的标志。

形成于距今五六千年的西安半坡村落，就是早期氏族村落的典型例子。半坡村落遗址位于西安城以东6公里的浐河二级阶地上，既便于生活取水，又避免了洪水的侵袭；既便于下河捕捞，又便于上山采果和狩猎，而且村落周围采用水或壕沟与外围隔离，安全得到有效保障。

半坡村落遗址面积约5万平方米，呈南北略长、东西较窄的不规范的圆形。村落由3个性质不同的区域组成，即居住区、氏族公墓区、陶窑区。

西安半坡村落形成于母系氏族时期，属于仰韶文化。当时的村落形态已较为完备，在其遗址中发现，居住房屋和大部分经济性建筑，如贮藏粮食等物的窖穴、饲养家畜的圈栏等设施，集中分布在村落的中心，构成一个占地

半坡村落遗址

约3000平方米的居住区，成为整个村落的重心。在居住区的中心有一座供集体活动的大房子，门朝东面开，是氏族首领及老幼成员的住所，氏族部落的会议、宗教活动等估计也在此举行。大房子及广场，是整个村落布局的中心。

遗址里中心分布着46座小房子，小房子均以中心的大房子为朝向，大房子成为整个居住区的几何中心和心理中心。这是中国原始村落规划思想的重要表现。居住区周围挖了一条长而深的防御沟（壕沟），沟北面是氏族的公共墓地，考古发现，几乎所有死者都是头朝西、脚朝东。居住区壕沟的东面是烧制陶器的窑场，即氏族制陶区。居住区、公墓区、制陶区的明显分离，表明半坡原始村落已有了规划布局的理念。

无独有偶，离半坡村落遗址不远的临潼姜寨村落，从其考古的结果来看，其总体布局与西安半坡村落如出一辙，周围是壕沟，中心是广场，居住区集中于广场上，沟外分布着氏族公墓和制陶区。足见仰韶文化时期，关中地区原始村落空间形态与布局有明显的趋同性。

东北第一村

在辽宁的营口、本溪、大连等地，分别发现了旧石器时代早、中、晚期的文化遗址，但多数处在自然山洞里。大概到了新石器时代，东北先民才从自然洞穴中走出来，建造氏族村落和房屋。辽宁阜新蒙古族自治县沙拉乡查海村西南约2.5公里处的新石器时代村落遗址，被认为是辽宁以至东北地区迄今为止发现的年代最早的村落遗址，距今约8000年，被誉为“东北第一村”。

村落遗址坐落在一个向阳山坡（即南坡）的低缓处，周围地势开阔。遗址南缘已被水沟毁蚀，现存面积1.5万平方米。在已发掘的1万平方米的范围内，排列较为有序的房屋遗址有55座，还有一些灰坑和两条水冲沟。

房屋遗址群的平面布局以东、西成行排列，每行约2到3座房址，约有6

行。房屋朝向基本一致，即朝南面、稍偏西。

房址排列很密集，最近距离约 0.8 米，皆为半地穴式，直接辟凿于花岗岩内。平面形式多为方形圆角，南北“进深”稍长于东西“面阔”，无门道。每座房址中分布着较多的柱洞，洞较粗深，且多为圆形、直壁、平底，显然是房屋立柱的位置，分内外两圈排列。日常生活所用的陶器、石器主要摆放在内、外两圈柱网间的居住面上。灶址位居每座房址的正中，周围很少有陶、石器物，大致是居室的主要活动空间。

阜新查海遗址中的房址没有“门道”的做法，这种“门道”曾经在兴隆洼遗址、新乐遗址中发现过。似乎可以得出这样一个结论，至少在中国东北地区，在距今七八千年的新石器时代早期，房屋是不设门道的。大约到了距今六七千年，房址中才发现了门道。沈阳市北郊新乐工厂家属区发现的新乐村落遗址，就发现了门道，它是辽宁中部地区新石器时代村落遗址的典型代表。遗址分上、下两房，经测定，上层距今 6800 年左右，下层距今 7300 年左右。

遗址下层共发现房址四五十座，分大、中、小 3 种类型。从考古发掘的结果来看，大型房址多位于遗址中部，中型房址分布在大型房址的外圈，小型房址发现最多，主要是围绕在中型房址的周围。房址结构为半地穴式圆角

阜新查海遗址博物馆

方形或长方形，以木柱支撑木构架屋顶，这方面的特征与阜新查海原始村落特征基本一致。

从大、中、小不同形制的房址状况及其相互依靠的关系来看，新乐村落遗址是由若干个“小家庭”和“大家庭”构成的氏族村落遗址。

古村落的发展演变

奴隶制社会的夏王朝是由原始村落社会演变而成的国家，以统治据点城堡——“都”象征国家，这种国“都”是由中心村落发展形成的，围绕中心村落（城堡）外围广阔郊野的一般环壕村落，农业生产者居住耕耘的田野，被划定为鄙邑。

商王朝继承夏王朝的奴隶制，统治者聚居的城叫“中商”，即大邑商（王都）为核心的王畿。王畿之外，则为商王朝分封的诸侯领地和附属于商的一些方国部落。

周王朝仍继承前代的等级制，分统治阶层、平民和奴隶三个层次的社会组织形式。周人更重视礼制，其礼制秩序在人们聚居环境上也有所反映：统治阶层贵族居城（国）中，中间阶层的平民居城近郊，而广大的农业奴隶（氓）被安置在郊外之野。

周王朝按礼制开创营国制度的三级城邑建设体制。在全国构成一套以王城为中心，诸侯国都为次中心，卿大夫采邑城为基层据点的网络。在诸侯国内，又按同一组织方式，以诸侯都城为核心，各级采邑为外围据点，形成一个小型网络，作为全国大网络的一个组成部分。周代按礼制等级划分建设，在全国出现各种不同规模的政治军事城堡，而对于底层从事农业生产的奴隶社会的居住环境却没有纳入礼制范畴。但从我国奴隶社会都邑规划的演进情况来看，夏、商、周的“都”是由中心村落转化而来的，而“邑”或“鄙邑”是由一般氏族村落转化而成，形成了政治上城市统治农村、经济上农村供养城市的国野关系。这种城、乡经济的政治体制一直影响到近代，周王朝所开创的“营国制度”对我国封建王朝的城市规划产生了深远影响。

周王朝进一步完善商代的井田制，周代实行按“夫”（即有家室的农夫——“氓”）授田，其标准为一农夫授岁可耕种田100亩。这100亩地积即称之为“夫”，以“夫”（100亩）为计量井田地积的基本单位。田间有沟洫

道路，各分五级，即习称之“五沟五涂”，构成一套较为完整的农田水利及道路体系。史书上记载的农田水利规划井井有条，却没有谈到农夫居住的生活环境，这可能归咎于统治者对耕耘土地的奴隶们的生活漠不关心。统治者所关心的是土地种植农作物所创造的财富，土地属于王者，农夫只不过是被固定在田地里耕作的奴隶——农耕工具的延伸。

夏、商、周时期考古发掘的遗址只有都城的遗存，几乎见不到有关农耕奴隶们居住的村落环境。这也许是因为奴隶们居住的环境和房屋还远不如史前时期氏族村落的居住环境，简易的房舍在时代变革中很难保存下来。

从奴隶社会到封建社会早期，处于社会底层的农耕奴隶生活在最低劣的环境长达千年，只有社会发生大变革才有可能改变这种局面。春秋战国时期年年征战，动摇了周王朝的根基。打破旧“营国制度”约束，为革新旧的统治体制铺平道路。春秋中叶，齐、晋、楚、鲁为称霸中原，增强国力，改革旧制，如晋国废除宗周的土地分配制，“作爰田”，将土地分配给国人；鲁国实行“税田”，承认土地私有制，改革旧奴隶主贵族垄断土地的特权。政治、经济等改革促进了奴隶制的解体、封建制的诞生。战国时期，七雄并峙，积极变法，推进法制，取代旧的礼制，建立新的统治秩序。确立了中央集权君

南皮古村落遗址

主专制的体制：整顿户籍，计口授田，征收赋税，摊派徭役，推行征兵制。经过战国时期各国一系列政治、经济、军事改革，奠定了新兴封建制国家的政治制度。公元前221年，秦灭六国，统一中国，建立我国历史上第一个封建帝国。

由秦到汉，世代被禁锢在土地上的农耕奴隶，人身和精神在政治大变革中获得一定程度的解脱。西汉致力于改进农耕技术，改善耕作农具，农业生产蒸蒸日上，农民获得丰厚的收成，交完税收剩余的财富，可用来改善生活，创建家园。从考古发掘的河南内黄县三杨庄西汉晚期的汉代庭院遗址及其周边的众多民居遗址，可窥视到中国村落社会摆脱奴隶社会的枷锁后，到西汉时期已开始复苏，不再被淹没在历史的长河中，建筑史的进程也不再局限在城市（都邑）的范畴里。从黑龙江七星河流域来看，发现汉魏时期遗址群村落已有600余处，可见三江平原自汉以后城镇和村落兴旺的盛况。

经历2000多年的历史演变，随着汉、三国、晋、南北朝、隋、唐、五代、宋、辽、金、元、明、清朝代更换，中国农村房屋以木构为主体的农舍，也在不断地更新、维修、创造、演变。现存的建筑造型以明清时期为主，但建筑中的某些局部尚可以见到依稀的汉唐遗风。村落的总体布局仍因袭千年前初创村落的环境布局，有的古村内尚存汉、唐时期的石碑，可证实村落始建时代；有的古村还保存有氏族的族谱，更能说明它的历史。以氏族社会为基础的古村民风淳朴，由他们先祖创立的家训和管理体制为这个氏族社会树立值得称道的文明风尚。这些可贵的文化传统一直传承到现在。

知识链接

迤沙拉村

迤沙拉村始建于明洪武年间，距今已有600多年的历史。古村是攀枝花市的南大门，东临金沙江，与凉山州会理县隔江相望，北与大龙潭乡接壤，

距镇政府 8 公里，距攀枝花市中心区 60 公里，108 国道和成昆铁路纵贯全境，交通便利。迤沙拉为彝语的读音，译为汉语是“水漏下去的地方”。全村彝族占据了总人口的 96%，是汉族和彝族生活习俗高度融合的“中国第一彝族自然村”。迤沙拉民族文化旅游区由核心里颇彝族文化山寨区、古驿道旅游区、诸葛大营、葡萄沟现代观光农业区等数十个景点组成。站在迤沙拉几百亩的葡萄沟上眺望，原野上清新的微风中沁入酸酸甜甜的气味，令人如痴如醉。

迤沙拉村的建筑，非常讲究布局和街巷设计。村子里街巷门肆、骡马客栈，大多依照祖先留下的体例而筑。村民家家有院，土木结构，一正两厢，四合五井，白墙青瓦，高瓴飞檐。房屋建筑“廊腰缦回，檐牙高啄，各抱地势，钩心斗角”，板壁雕刻、太阳纹饰，“只刻不画”，颇多江南神韵遗风。走进迤沙拉的高墙小巷，你仿佛置身于江南农村小镇。

第二节 古村落的选址与布局

古村落的选址与布局

中国古村落的选址和布局是十分讲究的。古人相信村落与自然环境选定的成功与否，会直接关系到整个家族和子孙后代能否昌盛发达。所以在村落建设之初，都要先请风水先生来看看风水，包括观察山脉的起伏、水流的方向、草木的生长等。

一般来说，村落基地要选择地势宽敞平坦的地方，周围有山水环抱，最好是后有靠山、前有流水，周围有小丘护卫。江南和中南部的水乡古村落一般都建在河流的北岸，以取得良好的日照，一面临水或背山面水，建筑沿着河道伸展，临水设有码头，以联系水路交通。在东南和西南的山区，村落往往是竖向分布的，形成层层交叠的布局。在北方地区，村落常选择地形平整的地方，整体布局风格严整而开阔，街道宽敞，建筑雄壮，凸显出北方大气、粗犷的风格。

中国村落布局的特点

中国村落布局的沿革是多元的。中国地域辽阔，民族众多，56 个民族各自偏居一方，几千年来在比较封闭的环境里，自我形成的各种各样的崇拜和信仰，以及民俗风情，再加上外来宗教的影响，这些有形和无形的因素，潜意识世代因袭，成为村落环境布局的主要依据。

“因地制宜”是中国先民在建设家园过程中总结出的一条宝贵经验。尤其是住在山区的少数民族，巧妙地利用地形，节省土地，创造非常舒适而完美的生活空间，开创建筑和园林领域空间规划设计的先河。广西龙胜金竹寨便是一例。

城镇附近的村落，则重规矩，讲风水，追求城市的生活模式，虽身居郊野，却慢慢失去田园的生活情趣。中国黄河中原及长江流域一带，那些耕读世家、商贾望族，他们把城市里那些深宅大院作为建设家园的样板，违背了因地制宜、顺应自然的原则，构筑成一处处封闭、单调、规矩的生活环境，如山西的那些华贵的村落大院。

古村

这些村落大院的规矩模式沿袭于城市，而中国的城市布局沿革受

周礼制影响较深，宫殿、衙门、宗庙、祠堂、宅院等，无不以中轴对称作为规划设计的格局。中国广大地区的汉族大户人家的村落，大部分追求这种封闭式的布局。

古村

自唐、宋以来，中国的一批文人雅士、骚人墨客，他们的思想境界与那些衣锦还乡和发家致富的商贾不同，他们向往的是超然世外、田园自娱的生活环境，由他们创建的家园则是另一番景象，如广西富川的秀水村、湖南怀化的荆坪村等。

另一类走耕读之道，学而优则仕的世家，他们用儒家的哲理来立意建造家园，构成富于生机的村落环境，如浙江楠溪江的苍坡村、芙蓉村等。

还有那些因避战乱，寻得安身之地，在创建家园之外围建起防御体系，求得族人的安身立命自小村落。这种城垣的村落体系，沿用了古代围壕的模式，最典型的是福建的赵家堡古村。此外，福建漳州地区，以宗族为单位所建筑的各种形式的土楼，其规模虽比古代城壕村落小得多，但其功能布局却有异曲同工之妙。史前先民防御体系的构思，无疑对后世带来一定影响。

对于那些具有宗教信仰的民族，村落的布局缘于宗教的某些特定规定，世代因袭，虽历经千年，但村落布局依旧。如回族村落里清真寺的位置是固定不变的；西双版纳小乘佛教的村落，村中的缅寺处在显著的位置。

而中国大多数位于郊野或山区的村落，往往结合地理条件，村落房舍融于大自然之中，与山水田园构成一处处和谐的生态环境。尤其是那些位居山区的小村落，几亩薄田映衬出依山而筑的几户人家，极富农家的诗画境界，如湖南张家界天门山下的小村舍，朴实无华。这种充分结合自然的优良思想缘于祖宗的传承，这里没有过多的规矩，重要的是更好地结合自然来安排家园。

古村落的布局形态

古村落是以宗族聚居为特色，以居住和生活功能为主的居民点。古村落的布局大致可以分为以下几类：

1. 山水古村

这类古村落依山傍水，水、桥、民居交相辉映，其代表是宏村。宏村融天然山水、田园风光、人文景观于一体，风水观念、耕读思想浓郁。牌坊、书院、庙宇、祠堂分布讲究，吊脚楼建筑别具特色，美观实用，或金鸡独立，或连片成寨，或负山含水，或隐幽藏奇……千姿百态，冬暖夏凉，不燥不潮，和谐统一，浑然一体。

江南古村

2. 山区古村

这类古村落环山而居，多苍天古木，也可能有溪水潺潺，起到方便村民生活和装点古村景观的作用，其代表是李家山村。此类古村建筑形式多为四合院，也有吊脚楼、窑洞等特色建筑。古村内巷道纵横，黑瓦白墙，马头墙高耸，雕刻精美。

3. 要塞古村

这类古村落以城堡和山寨为建筑特色，有极强的军事防御功能，其代表是张壁。此类古村地处险峻地段，多因军事而建城堡，易守难攻，退进自如。高大的城门、雄伟的城墙和整齐划一的街道其是标志性建筑。

4. 名胜古村

这类古村落多因地理上接近风景名胜而形成、繁荣，其代表是鸡鸣驿村。它们处于名寺、名山、名人故居的旁边，拥有得天独厚的地理优势，纳山川之精华，借名寺之福气，逐步发展形成风格独特的村落。山川因名人而生动，名人借山川而传扬。此类古村一般风景独具，文化源远流长。

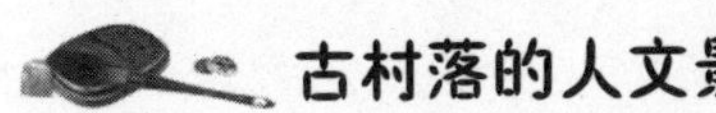

古村落的人文景观

中国历史文化名村是不同地域、不同文化、不同民族、不同建筑特色的中国古村典范，体现着中国人的居住理想和生活的尊严感。

1. 历史悠久

历经沧桑岁月而风韵犹存的古村落，码头、港口、街市依稀可辨昔日繁华景象，美观而实用的古建筑和民居飞檐翘角。例如，盛唐时的模式、风范、标准创建的唐模古色古香，建于南唐初年的渼陂风采依旧，数代人在这片古老而神奇的土地上，过着日出而作、日落而息的恬静生活。

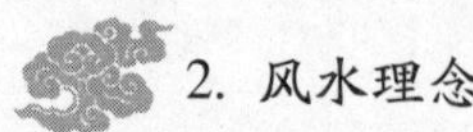

2. 风水理念

按照风水的观点，人是自然的一部分，几千年来人们都在追寻“天人合一”的人居理念，这一点，在中国的古村落当中体现得淋漓尽致。形如卧牛的宏村美丽而恬静，俞源太极星象村充满了神秘，有天然太极图奇观的诸邓更是令人神往……

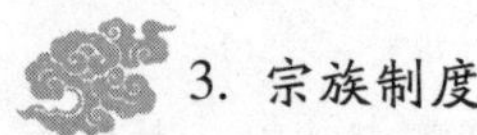

3. 宗族制度

中国古村落大多以宗族聚居为特色，均呈现出井然的秩序感与等级特征，传统的家族制度与文化理念，使围绕血脉的人缘居住方式一脉相承。牌坊、祠堂作为封建礼制的象征性建筑无处不在。

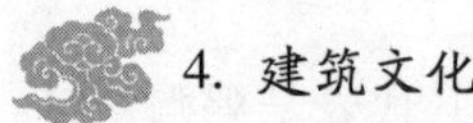

4. 建筑文化

小巧的吊脚楼依山傍水，高大气派的四合院古朴厚重，九厅十八井的培田古民居是古村落建筑结构的典范，于家石头村写就了石头的诗篇，东楮岛的海草房洋溢着浓浓的原生态气息，碉楼、鼓楼、土楼群、城堡、古寨更是风格各异。无论是民居、亭阁，还是寺塔、石桥，举目可见的各类雕刻以及匾额楹联，无不体现了古人对美的追求。

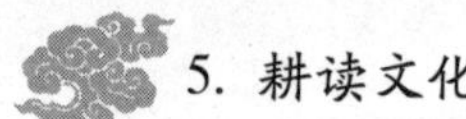

5. 耕读文化

叶落归根以及唯耕唯读的传统理念，使得乡村成为古代中国的财富聚集地，重视教育的古人在整体建筑布局中处处流露出对文化的渴求，留下了恢宏的荣耀痕迹，荫庇后人。大旗头村的文房四宝便是耕读思想的典型代表。

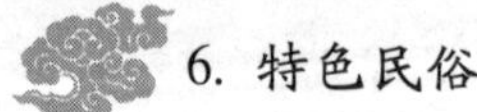

6. 特色民俗

各地的各族村民有着各自的文化特点，美食文化风格别样，服饰文化五彩缤纷，娴熟的手工艺令人赞叹，各种节祭习俗更是丰富多彩。

知识链接

白雾村

白雾村距会泽县城约30公里，建村至今已有2000多年的历史，文化遗产丰富，古迹众多，保存完好的古老民居民宅达3000余户。明清时期的白雾村十分繁华，各省前来押运、采购铜的官员特使、商人等常驻于此，并建起了会馆、祠堂、庙宇等10余座，商号达150余家。白雾村是万里京运的第一站，因此有“万里京运第一村”的美誉。如今，该村仍然保持着古老淳朴、山峦叠翠、古韵幽幽的风貌。

娜姑镇是镇政府所在地，而娜姑古镇的核心便是坝子东南端的白雾街。娜姑镇绝大部分古建筑均集中在白雾街上。清新秀美的自然景观同完美艺术的古建筑相结合，充分展现人与自然的高度和谐。长约2公里的白雾街为东西走向的一字街，铜运古道穿街而过。街道两旁有明清时期建筑风格的古建筑24座，寿佛寺、张圣宫、万寿宫、三圣宫、财神庙、太阳宫、祠堂、常平仓、养济院、大戏台、天主教堂等古建筑坐北向南排列。保存完好的古老民居鳞次栉比，马店、驿站、各类店铺组成集镇市容。

白雾村内原有建于清咸丰十年（1860年）的城堡城墙。围白雾街主街建成，呈长方形，东墙长317米，南墙长350.5米，西墙长273米，北墙长300米。城墙均高5.8米，厚3米，内外墙用石块垒砌，中间填土夯实。

东面据得胜桥设卡，南面依城墙置栅子，西、北两面筑有拱洞形城门。城墙四面设8座炮台，城门上的炮台高出城墙1.3米。当年白雾街的地理位置的重要性可见一斑。

第三节 古村落中常见的建筑类型

古村落中的建筑大致可以分为两大类：一类是住宅民居建筑，包括各种形式的民宅；另一类是公共建筑，包括祠堂、寺庙、戏台、牌坊、街道等。这两类建筑通常都具有浓厚的地方特色和乡土气息。与大城市相比，各地的古村落更多地保留了明清以来的古代建筑，那些历经百年的古街、古桥、古宅院，带给人们的是一种古朴自然而又内涵深厚的文化意蕴。

古村落中的民居建筑

民居就是人们居住的建筑，是最基本的建筑类型，分布最广，而且数量最多。各地古村落的民居不仅显现出多样化的面貌，而且保留了古代的建筑特色，甚至可以记录一个家族几代人的繁衍生息，见证整个古村落的沧桑变化。

1. 合院式民居

合院式民居是中国民居中十分常见的一种，以围合起来的院落为基本形式，四合院是其中应用最广泛的一种。

四合院，指的是东南西北四个朝向的房子围合起来而形成的内院式住宅，其布局方式十分符合中国古代社会的宗法与礼教，家族中男女、长幼、尊卑地位有别，房间分配的区别也十分明显。而且其四周都是实墙，可以有效地隔绝外界干扰，且兼具防御功能，形成安全舒适的生活环境。四合院的形状、

四合院

面积和单个建筑的形体只要略加调整，就可以适应不同地区的地域条件，所以南北各地几乎都可以见到四合院的影子。

四合院大规模出现在元代时的北京等地区，到了明清时期，四合院成为中国民居中最为理想的一种模式，得到了长足的发展。其中最具代表性的就是北京四合院、晋中四合院、皖南天井院等。

2. 窑洞民居

窑洞是中国西北黄土高原上居民的古老居住形式。黄土高原上的黄土层非常厚，而且具有不易倒塌的特性。当地人利用高原有利的地形，凿洞而居，创造了窑洞建筑。窑洞一般有靠崖式窑洞、下沉式窑洞和独立式窑洞等形式。

在山西晋中地区的一些古镇中，仍保留着不少窑洞建筑。这些窑洞有的是在山崖和土坡的坡面上向内挖掘的靠崖式窑洞；还有一些富裕人家将窑洞与一般住宅相结合，后部是窑洞，前部留出空地建造平房，用院落围合，形成窑洞式的四合院；还有的在平地向下挖掘一个方形大坑，再在四面坑壁上向内挖掘出窑洞的下沉式窑洞，这也可以看作一种四面房屋的四合院。

3. 干栏式民居

干栏式民居在中国云贵地区分布较广，尤其是在苗族、侗族、傣族等少数民族聚居的地区。干栏式建筑盛行的地区，多为山峦起伏的山区，而且气候潮湿炎热。当地人用当地生产的木材或竹子，随着地势建起两层的构架，下层一般多空敞而不做隔墙，里面用来饲养

窑洞

牲畜或堆放杂物。上层住人，而且四周向外伸出廊棚，主人可以在廊上起居休息。这些廊棚的柱子并不落地，而是靠楼层上挑出横梁承托，以便人或牲畜在下层行走。这样一来，廊子犹如悬吊在半空，所以这类建筑又被称为“吊脚楼”。其优点是人住在楼上可以通风防潮湿，又可防止野兽的侵袭。

干栏式民居

4. 土楼民居

在福建省南部的永定、龙岩、漳州一带的乡村，普遍存在一种土楼民居。每一栋土楼的体积都很大，用夯土墙作为承重结构，平面形式有方形、圆形、五角形、八卦形、半月形等，以方楼和圆楼为主。土楼一般高三四层，其中房间多达数十间，可以容纳几十户人家、数百人生活。

古时福建地区战乱频繁，盗匪横行，于是人们建起高大坚固如堡垒般的土楼，一个家族的男女老幼都聚居在一起。土楼墙体厚重坚固，有的土楼甚至在三四层上开设枪眼，以抵御外敌。楼内还有谷仓、水井、牲畜棚圈等设施，如遇外敌围困可坚持数月之久。

古村落中的公共建筑

古村落中的公共建筑种类十分丰富，常见的包括祠堂、寺庙、戏台、牌坊、桥梁等。

1. 祠堂

祠堂是一个家族祭祀祖先的地方。明代以前，只有帝王诸侯才能自设宗庙祭祀祖先，平民只能在家中祭祖。明代嘉靖年间，朝廷首次“许民间皆

土楼

立宗立庙”。到了清代，民间祠堂大量出现，几乎各村各镇都有祠堂，其中还有宗祠、支祠和家祠之分。祠堂的功能除了祭祖之外，还是族长行使族权的地方，同时也可以作为家族的社交场所。一些地方的宗祠还附设学校，族人子弟就在这里上学。祠堂建筑一般都比民宅规模大，越有权势的家族祠堂往往越讲究，高大的厅堂、精致的雕饰，成为这个家族光宗耀祖的一种象征。

祠堂

2. 寺庙

中国古村落中还保留着大量的民间寺庙，除了宗教性质的佛教寺庵、道教宫观、清真寺之外，还有许多供奉传统和地方诸神仙的庙宇，如关帝庙、土地庙、文昌阁、魁星阁、真武阁等。对于中国人来说，无论是传说中的文臣武将还是管天管地的各路神明，无论是外来的菩萨还是本土的道主，只要能带来平安、圆满与护佑，就都可以纳入信仰和崇拜的范围，享受香火。

3. 戏台

戏台常设于一村最为繁华的核心地段，用于逢年过节戏班演戏或举行其他典礼仪式。这种戏台建筑一般独立高耸，一面或三面开敞，屋角向四面挑起，有飞扬般的轻盈感，戏台多雕梁画栋，风格华丽。

4. 牌坊

牌坊又称“牌楼”，是一种中国传统的门洞式纪念性建筑物，盛行于明清时期，在民间被广泛地用于旌表功德、标榜荣耀。在古村落中，牌坊一般安放在村口，用来旌表和纪念某人某事，也可仅仅用来当作一种装饰。各地牌坊不仅建筑结构自成一格，而且通常集雕刻、绘画、匾联文辞和书法等多种

牌坊

艺术于一体，集中体现了古人的生活理念、道德观和民风民俗，具有很高的审美价值和深刻的历史文化内涵。

知识链接

中国古戏台：60 年消失近 9 成

古戏台是指清末民初前修建的以戏曲表演为主要功能的有顶盖建筑。作为传统戏曲的载体，戏台联系着我国古代多种多样的宗教习俗和戏曲民俗，负载着传统戏曲的艺术形态和观演关系，以至民族情感和民族精神。中国传媒大学戏曲戏剧学教授周华斌认为，我国遍布城乡数以万计的古戏台见证了我国戏曲的形成，促进了戏曲的发展和繁盛，是非常宝贵的“固态的戏剧文化”，同时还体现着我国古代建筑艺术的绚丽和辉煌。

然而，由于各种自然灾害和人为的原因，这些珍贵的文化遗产在过去的半个多世纪里，遭到了严重的损毁。“中国古戏台研究与保护”课题组负责人吴开英和山西师范大学戏曲文物研究所教授车文明、山西长治学院上党文化研究所所长卫崇文博士等课题组成员对古戏台展开过拉网式的调查。调查显示，相较于20世纪50年代的10万多座，目前古戏台只剩下了1万余座。

第四节　古村落的结构与环境

中国古村落的结构

中国古村落的社会结构受制于经济和民风等诸多因素影响，经济是农村发展的基础，古代小农自耕自足的经济，为农村村落奠定了基础，而村落的发展同时也受到一定的制约。村落的构成形式都往往取决于民风、民俗，一个村落建村建房的指导思想来自民俗和信仰，这正是中国古村落形成的共同特点。

中国人自古以来对生活的追求，重在现实，以人为本。中国人把今生今世看得更重。在有生之年，希望可求得美满的生活。古村落的布局是以人为中心，把人的生活放在主导地位。从村落选址、总体安排、民宅位置，无不把生活起居、人的精神追求、人际往来以及集体活动放在首要地位。像村民公共活动的场所，如祠堂、鼓楼、庙寺、学堂等，必须放在村落最重要的位置，有的位于村头，有的位于中心。而保平安的土地爷、灶王爷、山神爷常退居次要的位置。村里村外的一切安排，景物选择、环境组织等，都是以人追求的物质和精神诸多方面的活动场所为转移的。如村前的廊桥、路亭，村头的石凳、风水树，宗祠前的小广场，村中心区的晒谷坪，井台前

江苏新闸村

的小坪，土地庙前聚会的场地，院内小天井，户内起居的堂屋等场所，都是基于村民的实际生活需要，为一个村落小社会安排的。

中国古村落的形成，虽然把人放在中心位置去塑造自己的生活空间，但首先考虑的是择地，而后再建村。古人所言“观乎天文，以察时变，观乎人文，以化成天下”（《易·贲·象》），“天文”乃自然秩序，“人文”乃人事条理。多求一切人事条理与自然秩序取得和谐统一，则风调雨顺，人丁兴旺，万事大吉。凡保留至今兴旺发达的古村落，都具有非常好的地理环境，巧妙地利用自然条件，因地制宜，创造出优美的生活环境。引山溪之水，辟良田，开渠道。建筑依山傍水，后有山峦丛林，前有平川良田，生活空间和生产场地与大自然有机统一，融为一体，妙道所在，天人合一。

中国古村落的环境构成

中国古村落虽然有民族和地域的差异，但几千年来在中华民族华夏文化圈的相互交流和渗透的影响下，逐渐形成一个共同的环境观。这个环境观包含了中华民族几千年来的文化积累，无论古村落的具体布局如何千差万别，在塑造村落的环境中，都有一个共同的准则，即把“人”放在主导的位置，一切从人居的要求出发，敬神是为了求得神的保佑，祭天地乃祈求上天赐福于人。中国古村落社会不存在宗教，在村落里找不到庙寺，在明清时代汉族的古村落里最大的宗教建筑只有小小的土地庙。所供奉的神都是放在居民的家里，大多放在堂屋，灶王爷则供在灶台上。祭天的活动往往在露天的广场上进行，有的民族常在山上或森林里进行。村落的布局都是围绕村民生活起居的一切活动安排的。这种以人为本的思想，自古以来，一脉相承，已成为构建村落环境不可动摇的准则。

正因为以人为本，不同的民族因生活习俗的差异导致各自的传统环境观。

不同民族的传统环境观是根据他们各自的人生观、宇宙观和审美意识形成的。

汉民族以“礼”来安排。比较完整的村落，从居室到公共活动的祠堂、场院，所构成的大小环境，都与“礼”有相应的关系。一切布局，讲究规矩，崇尚秩序。

边远地区少数民族虽然或多或少受到中原汉族文化的影响，但他们仍保

持各自的民族习俗和信仰。他们依据自身的风俗习惯去安排家园，更多的是顺应自然地理条件去规划适合他们的生活空间，他们的生活哲理并不把“礼”放在首要位置上。

中国少数民族因地域和气候条件的差异、民族传统文化的不同、风格习惯和信仰的不同，世代因袭所形成的传统环境观也有各自特征，有的以游猎为主的少数民族，居住不固定，很少组成村落。像傣族信奉小乘佛教，每个村子都建佛寺，而佛寺只是作为宗教活动的场所，虽也是村内的公共建筑，但它没有侗族鼓楼那样承担多种社会职能。故傣族佛寺——甸寺常常位于村子的边沿地带，很少位于居住房屋的中心。信奉伊斯兰教的回族村落，村内所建的清真寺虽也位于居住区的外侧，但它的位置朝向很有讲究。苗族的保家楼、羌族的碉楼，都是作为防御哨所出现在村落的前沿，高高耸立在村头，成为羌寨或苗寨的标志。

1. 中国古村落与自然环境的关系

中国古村落有的位于平原地带，有的位于丘陵，边远地区的古村落位于山区，先民常在条件不好的情况下，创造出令人陶醉的田园，这一切应归功于建设者对人与自然环境的把握。在古村落的布局中“师法自然、择势而居”，创建者根据自然环境条件，因地制宜，确定村落的总体布局，安排村落的道路系统。道路是与地形的变化、溪流的走向密切结合在一起的。古村落往往因山就势，巧妙安排在道路两侧或山坡上，与山体结合紧密，融于自然。

2. 中国古村落对境界的追求

中国许多历史悠久的古村落，非自然形成，大多是通过立意，确定主题并结合自然条件，精心规划设计，以求达到理想的境界。

古村

有的以景为主题，构成许多景点，以丰富村落环境景观。人们往往借助村里溪流石桥，塑造“小桥流水人家”的境界。如怀化铁坡江坪村，妙用村内山石和花丛构成村内小八景，巧借村外溪流山岸塑造村外大八景，为江坪村增加景色，平添文化情趣。

有的取意哲理，如兰溪诸葛村结合山形地貌，塑造一个八卦形的村落。再如永嘉楠溪江芙蓉村，取意“七星八斗”，村中以七块石墩为星，八个水池为斗，寓意于会试高中，光宗耀祖；苍坡村取意“文房四宝”，以池为砚、石为墨、山为笔架、街为笔，用象征的手法达到立意的目的。

知识链接

侗寨文化

侗族山民择地建村，常选择依山临水。以水作为屏障，防范外敌入侵，用建廊桥的方式，通向外界，过了廊桥，再设寨门通到村里，村寨中心的位置建鼓楼，这座鼓楼是寨子的标志性建筑，同时也是全村的公共活动中心。农户围绕鼓楼，顺应地势筑沟排洪，挖塘储水，留出靠溪边的平地，开辟田地。侗族的鼓楼是侗乡的象征，集中表现了侗族文化，俗称鼓楼文化。鼓楼是侗族古代社会原始集体主义意识的体现，这种集体主义意识一直延续到现代社会。鼓楼具有多方面的社会功能，集政治、经济、军事、信仰、风俗习惯、建筑、艺术为一体。这种从现实出发的文化，实际上是一种以人为本的村落社会文化。与汉族尚礼制的文化有所不同，侗族社会集体超越个人，整个村寨是一个无院落分隔的空间，这是侗族传统生活模式所决定的环境。寨内人不分男女老幼都习惯于到鼓楼来从事各种活动，从议事到休闲（称之坐楼），全村人都会集在楼内活动。这正是侗寨独特之处。

中国古村落的风水观

早在春秋战国之际，中国阴阳五行之说渗透到儒学，至汉代逐渐发展成讲究“天人感应”的经学，促进阴阳五行之说的兴盛。阴阳五行、八卦等相互配合形成一个比较完整的宇宙总体结构，为风水学奠定了理论基础，把五行与方位、四时色彩联系起来，从而衍生出推测风水的堪舆之学。

唐宋以后风水学广为流行。民间流传的一些方术逐步升为理论，特别是受宋代理学的兴起影响较大。理学大师朱熹、程颢和程颐、周敦颐、王阳明等对先秦时期“八卦”之学深化研究，认识到天地之气对人的深刻影响，把盛行的“五行之说”作为风水理论的核心提高到以“太极八卦”为依据的八卦之说，成为后世风水学的准绳。

明清之际，风水学已发展到顶点，风水活动已遍及民间，凡盖房建村都得先经过风水先生的测定，方可动土兴建。

风水中所追求的核心是“气”，“气”是一种“物质场”。“气场”的存在已在电子仪器上显示，生物气场与环境气场有相辅相成的关系，环境学所要研究的对象，是把“人”置身在生活环境中所得到的结论。古人建村对选址尤为重视，这涉及全村人的生机和他们子孙兴旺发达的大计。从现存古村落的实例中可以见到“风水”对村落环境的作用，固然某些方面是针对心理状态和传统观念，但就总体布局而言，一般古村落的环境与自然生态是吻合的，村里村外的环境空间也是优美的。古村落之所以能获得这些环境效应，与他们按照前人总结出的“风水学”去择基选址有关。一般看风水有几大要点和步骤：觅龙、观砂、察水、点穴，即“山气茂盛、直走近水、凝结为穴”。所谓“穴”，是聚气的焦点；所谓龙，“地脉之行止起伏曰龙”。

阴阳八卦

入山观水口。水口是选择

村落定居的关键，“凡水来处谓之天门，若来不见源流谓之天门开，水去处谓之地户，不见水去谓之地户闭，夫水本主财，门开到财来，户闭财不竭”（引自《入山眼图说》卷七）。这里所说的是村落择址要找有水源的地方，有了水便有了生机，同时还要利用水挖湖，开田以蓄水，不可让水白白流失。

点穴是指选择阳穴，即住宅的基地，称“阳基”。“喜地势宽平，局面阔大，前不破碎，坐得方正，枕山襟水，或左山右水”（《阳宅会心集》）。

中国几千年广大农村对风水的尊崇与敬畏早已成为传统的习俗，遵循风水的法则去相地，建村选址，建房客宅。《古今图书集成》记载：

（1）宅址宽敞平整。

（2）宅外地势东下西高——前低后高。

（3）宅前有水，宅后有山——依山傍水。

（4）宅周植物生态良好——便于耕作。

在山区或丘陵选择四面环山的地段建村以聚气，在平原以高地区为“山”，象征聚气。

城镇住宅以象征性的街巷走向作为“水”的流向，以面对的房屋为“朝山”“案山”，后依的房屋为“座山”。

凡遇到非理想的基地，常人为地改造环境以求完善。

（1）引水——“人身之血以气而行，山水之气以水而运”。挖沟开圳，挖塘蓄水，即“塘塘蓄水，足以荫池脉，养真气”。

（2）植树造林，培补龙背砂山。

选择村址必须考虑村外周边的环境，因地制宜组织外部空间。纳入村落的组成部分。常借自然山形地貌冠以景后，以映照吉、凶、祸、福，以求得到心灵的宁静。

楠溪江的芙蓉村因村后一座气势雄伟的山映照池中，如芙蓉出水，故而建筑了芙蓉村。南宋末陈虞之带领全村子弟抗元，退守芙蓉山上。300 人马跳崖殉国，演绎了一首可歌可泣的史诗。芙蓉山已成为这个村子民风的象征。自古以来中国人善于利用村外景物为村落所用，以寓意、对景、点景、呼应的手法将一座山、一块石、一丛林、一棵树、一条河、一池水，纳入村落景物的组成部分，借外景点内景，提高村落的文化底蕴，丰富生活情趣。

综上所述，中国古人倡导的堪舆学，村民所追求的风水，无非是开拓一个好的生态环境，与现代所强调的生态环境学本质上是一致的。综观能保留

至今的中国古村落，无不具备一个好的山水环境，依山傍水，左右以山岗为依托，前方远处有屏障，构成一处适合人类繁衍生息的小气候。

知识链接

水口的作用

水口既是外部空间的结合关，又是村落的门户，水口一般位于流经村落的几条溪流汇合的出口。在此处常筑桥台、桥塔等建筑，增加锁钥气势，扼住关口中，有时还辅以大树、凉亭、堤坝、池塘等，以构成完美的空间。也有的文化层次高的古村落，常以文昌阁、魁星楼、文峰塔、祠堂等高大的建筑作为古村落的文化象征，以提高村落名声。除此，在村落周边景观突出的位置点缀桥亭、庙寺、丛林，构成外围景观。如湖南怀化地区江坪村的内八景和外八景就是一例。内八景：永盛桥、鳞介四石、卧云洞、三尺倒流水、岩上生树、上马岩、三星伴月、真武踏龟；外八景：炉山石碧、峡岩樵歌、石坪春色、垒谷秋声、梅界返照、西竺疏钟、水口明月、老桥清风。

水口是整个村落布局结构上不可或缺的组成部分，它是村落景观上的起点，这里正是全村村民平日的聚集场所。水口乃是村落空间布局的前奏，也是村里和村外序列景观的底景。这里一景一物具有丰富的文化底蕴，是整个村落社会的精神支柱。许多村落的古树成为村子兴旺的标志。村落外围的山形地貌，往往是古村落选址的重要依据，因山定位的村子不在少数，如湖南怀化地区高椅村，因村子对岸的案山像一条横卧的青龙，故而确定现在的村址。浙江楠溪江的苍坡村，村子规划取意于“文房四宝”，而四宝中的笔架就是位于村落外围的一座山，形如笔架，作为四宝中“笔架”的象征。

中国古村落的环境艺术

中国古村落的环境由三大部分组成：(1) 村落前沿场地；(2) 村落里公共活动场地；(3) 农舍生活院落。这三部分序列布局，相互渗透，相互依存，在村落外围远山丛林、清溪塘池的衬托下，构成一处富于生机的田园景色。

村落的环境艺术有别于城市，它是以大自然为背景环境所构成的一幅幅画卷，它具有浓郁的生活气息。不同地域、不同民族、不同民俗、不同信仰的村落所追求的东西不同，与大自然构成的环境空间所展现的田园风格也各具特色。

村落的景色以大自然为背景，受到时空的制约较多，一年四季的景色变化较大，与城市景观有一定差别。城市的环境界面以建筑为主体，虽然村落的房舍也不会大变，但农村的房舍大多融于自然之中，体量较小，山水田园在环境构成起主导作用。古村落的环境艺术，离不开田园风光，一栋造型独特的有艺术价值的农舍，如没有环境衬托，难于达到环境优美的艺术境界。分析古村落的环境艺术必须从整体上去观察，尤其是去观察自然环境中村落的景色。如建筑物位置得当，能获得画龙点睛的效果。

就一个村子而论，可以从几个角度去看它的景界：

(1) 由高处俯视一个村子，一览无余，全村皆收眼底。村落融于自然环境之中，主体是自然山水，田园风光，村落只不过是大环境中的一部分。凡进入到视线的村子：村落整体色彩鲜明，白墙灰瓦，突出在青山绿水之中，村落的建筑高低起伏，参差有致，充分展示建筑群体之美。

古村美景

(2) 由低处仰视一个村子。山村位于半山或丘陵，借助地形的变化，村子三五成群坐落在竹林里、树丛中，溪流山脚萦绕，构成一幅山庄田园景色。

(3) 平视一个村子。必须借助山林作背景，衬托出村落高低起伏的建

筑。配合村前的田园或溪流，更显示出田园风光的景色层次。

（4）进村后所看到的村落景色。

古村落里的生活空间

一个规模较大的村落，村子的入口是一处重要的生活空间，由一个小场院和几棵古树组成，是村落的前沿标志、村民常聚集的场所。

村子的中心区常设有场院或桥亭，是全村居民活动的中心，溪上的小桥或路旁的凉亭在村内常起到点景的作用。

村内的井台边常设有各种水池，这些水池具有浓郁的生活气息，村民在这里汲水、洗衣、洗澡，交流闲谈。

有的古村落利用自然石坪，种上几棵树界定一处公共聚会的场地，因地制宜设定这处古村活动环境，如湖南怀化江坪村。

中国古村落以宗族建村的较多，故村内的祠堂成为村内居民的活动中心，节日喜庆一般都集中在此活动，祠堂选择村落最好的位置建设。一般地，祠堂依山傍水，视野开阔，前面布置广场，形成一处环境优美的公共活动场地。祠堂建筑体量大，造型华丽，是全村最突出的公共建筑，在村落环境里居标志性地位，成为村落的重要景观。

中国古村落常在建村之时，结合村里村外的自然条件来组景，如怀化地区江坪村借用村外的山、溪流、树木构成外八景，利用村内山石、码头、花丛、大树构成内八景。也有的村落在建村的同时，人为地利用道路起伏、转折，筑寺、建桥、建筑小品来造景。例如在路口建小土地庙，溪边建凉亭，小巷道上架过街桥，设防火券门，设立牌坊等。用这些处理手法，以形成村内小景观，增加村内的环境情趣。

古村落居家院落往往也可见到许多小景，每户的院落大门都各具自己的特色，依主人的经济实力建筑力所能及的大门，尽量表现出大门的艺术性，有的筑八字门楼，有的虽只建垂花披檐，却显得美观大方，其艺术性不亚于华丽高大的门楼。如永嘉县楠溪江芙蓉村某一院落的木门楼，悬山披檐两坡顶，几根方木柱装点得十分典雅，不失明代遗风，比一般砖刻门楼更胜一筹。院落大门造型在中国古村落里非常丰富，是古村落里一道亮丽的风景线。

村落院内的环境常结合农村的生活起居安排，大院落的场地种植果木花

卉，小院落点缀盆景花卉，增加几分生气。

古村落院内建筑很重视装修，无论外檐的砖雕、内檐的雕梁画栋，还是门窗槅扇，这些建筑局部构件都用中国传统文化主题内容去装饰，给生活增添无尽的情趣，把一处居住院落装点得丰富多彩。

第五节 古村落文化

中国古村落犹如中国古代社会的缩影，它的文化形态是中华民族文化的重要组成部分。它所包容的内容十分广泛。中国地域辽阔，民族众多，各民族本着这一传统文化基础，随着地域的不同、民族信仰的差异，各自形成略显差异的文化形态。

古村落的四种形态

我们现在所说的古村落，实际上也就是我们的祖先所生存栖息之地。我们大约可以按其文明发育的程度，将其分为四种形态，即原生形态、自然形态、文化形态、审美形态。

中村落的原生形态是指远古先民最初的生存环境，它在古籍中被称为“村落”，是人类群居最初脱离洞穴时期的形态，它具有最基本的家庭和社会生存功能，因为它处在人类文明发展的初期，社会的发育是不成熟的，所以它本身的文明发育有限，文化含量不高，更多是偏重于生存和实用的功能。这种原生形态的古村落现在只有在少数民族地区的岩画和考古发掘的遗址中才能看到。

古村落的自然形态是指古村落已经发育成形，具备了家庭及社会群体活

动的绝大部分功能，并且具有相当成熟的地域特征。这种自然形态的古村落一般在少数民族地区和偏远山区多见，其最大特征是完全与地域和自然条件相融合，完全与少数民族和山民的生活习惯相融合，较少受到主流文化的影响，同时保存了独特的地域色彩和民族面貌。

古村落的文化形态是指古村落经过上千年的发展，它在选址、规划、布局、建筑、装饰等方面都承载了相当深厚的传统文化。这其中最主要的有两个方面：一是经世致用的儒家文化，由于儒家文化是中国文化的主流，特别是随着唐朝以后科举的兴旺，儒家文化始终是古村落文化的核心；二是建立在易经理论基础上的堪舆（风水）文化，尽管它带有一些神秘主义的色彩，以现在的眼光来看未必科学，但它毕竟也是古村落文化建设的基础，皖南和浙东的一大批古村落都具有这样一种文化形态。这些古村落创始人一般都是古代的仕人和文人，他们有着儒家文化和易经文化的素养，因此在选址和创建之初就表现了创始人的人格理想和居住理想。在以后上千年的发展中，古村落中建有一大批能够承载儒家文化和易经文化的古建筑，村民也具有与先民一脉相承的理念，一般具有浓厚的耕读文化传统。

古村小径

古村落的审美形态是指古代仕人和文人的一种居住理想，这种理想深深地扎根于中国传统文化的土壤，表现出古代仕人和文人在出世和入世之间的一种超脱的心态，当然，它与现实的生存空间是有相当距离的，这种生存理想只存在于古代的山水诗与山水画之中。概括起来，古村落的审美形态具有三个特点：一是适合农耕和居住的优美的自然条件；二是与尘嚣隔绝且有着天人合一的

健康的生态环境；三是有着诗画一般优美的意境。之所以称之为审美形态，就是因为它是一种生存理想，也是古人安顿自己精神的家园。虽然它与现实还有相当的距离，但也不失作为现代人改造居住环境的参考，特别是对探索人与环境之间的关系，如何把城市化与田园化统一起来，既能够满足人类在城市里相互沟通的便捷以及现代生活的舒适，又能够亲近养育人类的大自然，探索人类理想的居住空间，都有着重要的借鉴意义。

以“礼”为中心的文化形态

自汉代“废黜百家、独尊儒术”以来，历代科举以儒家经传为准绳。礼教所倡导的三纲五常的道德标准、宗法关系等，已构成中国古村落社会不成文的法则。这些传统规章，有的被列入家谱，成为一族人的法规。

如浙江永嘉县楠溪江被列为文明村的苍坡村。这个村历代以兄弟礼让之风著称，他们的先祖立周处庙，以告诫后人，不要做坏事，要维护公共利益，用五行之说建村，以文房四宝象征文化等，村里的文化形态围绕一个“礼”字。福建、湖南、浙江、山西的一些村落，也都是按照礼教的秩序去安排村落的格局，突出反映宗法制度下的大家族观念。

“礼”直接影响村落和居民的生活环境，村内一族人的祠堂构成村落的中心，会选择最好的位置建造。民居的平面布局也因袭着千年不变的格式，堂屋居中，为一家人起居中心，设立供案，立祖宗牌位，堂屋左右设卧室，按老幼尊卑居住，这种格式因袭至今。

中国大多数农村社会以“礼”来维护村落社会的秩序，用以保持人与人的之间关系，维护家庭、村落及一大姓氏家族之间的和谐、安宁。

以民俗为主体的村落文化形态

民俗即民间的风俗和习惯。中国对民俗的解释比较宽泛，包括各民族里流行的全部风俗习惯。按照这种说法，不仅村落里有民俗，城市里同样也有民俗，实际上民俗不分老幼、贵贱、职位高低、职业专长，在同一民族大家庭里，有些民俗为全民所共有，如中国各民族所共有的年节民俗。就现代社会而言，城市里对旧民俗已渐渐淡漠，在农村，尤其古村，传统的民俗相对

保留更多一些，也更为完整。

民俗具有抽象和具象两方面的内容。抽象文化形态包括村落集体（民族或宗族）所共有的心理潜意识，具象文化形态则表现为一些民风、习俗、生活方式，具体反映在人际交往、节日喜庆活动、生产方式和生活环境的安排、居住房屋的形式等方面。这些具象的事物，可归纳为事象和物象两方面。二者有相互的依存关系，事象诱导出物象，它左右物象的构成，物象一方面为事象服务，同时也反映集体的潜意识。一个陌生人走进一个不熟悉的村落，一定会感受到一种强烈的印象，这是村落文化物象所表现的形态，给来客的感受只不过是新奇，不会有潜意识共鸣。而还乡游子回到故里，会倍感亲切，远离家乡的游子经常会受到一种潜意识心理的驱使回来寻根，根植于具体土壤上，潜意识需要具体的事物来印证。村落的景物、房舍、人情、风俗等一切的一切都会触景生情，引起共鸣。

生活不单只是物质享受，精神上的追求和渴望也是必不可少的，所谓触景生情，有了景，才能生情，主客才能引发共鸣。景就是环境，村落环境的形成，非朝夕之事，它是民俗文化浸染的结果。民俗文化所内涵的潜意识时刻对环境造成影响，尽管它是无形的，但仍左右着村落的环境构成。

村落的宗教文化形态

宗教是一种意识形态，相信在现实社会之外还存在超自然、超人间的神秘力量，主宰着自然和社会。人们能借助它达到理想的自由王国。有人甚至把民俗也纳入宗教范畴，称之民俗宗教。无疑，宗教文化对村落社会有一定影响，有的宗教思想在村落构成中起主导作用。

中国某些少数民族地区，宗教常常主导村民的思想和行为，它直接影响村落的环境结构。不同民族所信奉的宗教不同，他们所接受的传统宗教文化形态不同，从他们的文化形态到社会结构、村落环境都各具特色。

在中国的广大农村，特点较为鲜明的宗教文化形态有原始拜物教、小乘佛教、藏传佛教、伊斯兰教等。

1. 原始拜物教村落的文化形态

原始拜物教是人类文明史以前的宗教形态，它的主要形式有：自然崇拜、动植物崇拜、鬼魂崇拜、祖先崇拜、图腾崇拜、灵物崇拜、偶像崇拜等。中国古代社会对于这些能观察到的自然物——山、川、石、树、雷、电、风、雨等以及幻想中的威力敬之、崇之，已有几千年的历史，从仰韶文化早期原始民族村落到现在某些村落仍继承这一宗教信仰，只不过因地而异，信仰的程度多少不同而已。在广大农村，对土地爷、山神爷、灶王爷、精灵、祖宗、名人偶像崇拜，直到现代仍然普遍。如汉族、土家族、苗族、侗族、瑶族等村落里的祖宗牌位土地庙随处可见。

2. 佛教村落的文化形态

佛教对农村村落社会影响较深的还是局限在边远少数民族地区，如傣族信仰小乘佛教，藏族信仰喇嘛教。这些民族都是全民信仰。

小乘佛教在傣族地区居统治地位。据说，公元7—8世纪，佛教已在傣族地区流传。小乘佛教虽统治傣族地区，但傣族人民对勐神寨神的祭祀，一直也未衰。

傣族地区几乎村村寨寨都有佛寺，有的村寨有两三个。据西双版纳11个勐的230个村寨统计，共有佛寺183座。

西双版纳一些著名村落，如橄榄坝、漫亭等村寨所设的佛寺、佛塔，都位于村寨中心显著的位置。民居围绕佛寺、佛塔而建筑，院落较大，前后院都种植果木蔬菜，呈现一派田园风光。

藏族信奉喇嘛教，他们自称信仰的宗教为“桑结登巴”，即佛教之意。在佛教未传入之前，在西藏社会中占统治地位的宗教信仰是西藏高原本来固有的“本教”，是一种崇信多神的原始宗教。藏族人民对喇嘛寺庙及宗教上供奉的一切神物都很虔诚崇拜。凡外出碰到庙、宝塔、玛尼堆等，都要下马，顺时针的方向自左边绕过（信本教的地区与此相反，从右边绕过去），俗称“绕庙塔”。“玛尼堆”也叫“六字明经堆”。即在一块石头上刻佛教“唵嘛呢叭咪吽”，所谓“六字真言”，立于路边或山中某处，以后人们路过此地，就自动向它抛一块石头，日久则积成堆，堆上插上经幡，即是神位所在。这种

“玛尼堆”，过去西藏随地可见，有的竟长数十米、高数米，顶上的“经幡”随风飘扬，更彰显了藏区的宗教气氛。

藏族的村落多数是以过去的农奴主庄园、宗教寺院为中心发展起来的，村落小而分散，有游牧迁徙和定居两种。游牧的藏民多用牛皮制作的帐幕供居住。定居的村落多依山傍水，用石块砌筑，平顶，形成阶级式的村寨。凡森林地区，多建二层木屋，依地形而筑。家家户户门前或屋顶上都扬有“经幡”，随风飘舞，意在诵经，形成一种特有的村寨形式。

知识链接

傣族的宗教信仰

傣族人民普遍信仰小乘佛教，同时也信仰原始宗教。傣族认为山、水、田地、溪、塘、火、太阳、月亮、巨石、桥梁、生产工具等都有灵魂，必须祭祀，以求保佑。他们还崇拜祖先，每个家族有家族神，还崇拜地域神（社神），分为村寨的神和地区的孟神。寨神是全村的保护神，称“宰曼”，常立木桩或巨石，位于村寨中央（心脏），象征“宰曼”。并于村寨四方各设一寨门，其四周以草绳象征寨墙，以此为界，表示村寨是以“宰曼”为中心组成的村寨共同体。还有一寨神称“丢拉曼”（寨鬼），通常是以村寨的建立者或历史上对村寨有过危害的人物，供奉在寨边的树林中，以大树为象征，称这里是“龙林”“龙山”，每年栽秧前、秋收后去祭祀，感谢丰收赐福。平时遇生病、天灾人祸，认为是寨鬼作祟，举行祭祀，以求去灾免祸。这些祭祀活动已成为傣族人民文化生活的一部分。

伊斯兰教村落的文化形态

我国回族信奉伊斯兰教，凡回族地区，大多数村民都是围绕清真寺而居。

由于回族遍布全国，各地回族民居大都随环境条件而变化，总体上与当地汉族民居无多大差别。在北方农村，回族多住平房，结构形式较为多样化，如西北许多回民喜欢盖“虎抱头”式的房屋，有明有暗，按辈分或婚否状况住宿；宁夏南部山区的回民习惯在平房上面加盖一小间房子，类似岗楼，俗称“高房子”，供主人礼拜用。由于回族特殊的生活习俗及共同的民族心理，一般喜欢本民族同胞住在一起，形成遍及全国城乡的回族街、回族胡同、回族村等。回族房舍的民族特色主要表现在其装饰和陈设方面，无论是南方还是北方，城市还是农村，你只要到了回族家庭，就会感到回族在住宅的设计、陈设、布局、装饰以及生活的点缀等方面，都富有独特的民族特点。

在回族聚居的地区，最为醒目的公共建筑必然是清真寺。清真寺是地区性回族社会结构的核心，是回族信仰的物质标示，也是现实中的生活路标。回族群众一般围寺而居，其宗教生活和日常生活都与清真寺结下了极为密切的关系。

第二章

谜一样的中国古村落

古村落是原始人类种族开始群居而得以出现的。纵观古村落的形成与发展就是一部完整的人类发展历史，古村落最能体现其价值的就是古民居，以及所传承下来的本区域内的传统文化，这是人类发展史上最不可复制的珍贵文化。

第一节
江南八卦图——浙江兰溪诸葛八卦村

八卦村又被称为诸葛八卦村，这个村子原名高隆村，位于浙江省兰溪市西部，是迄今发现的诸葛亮后裔的最大聚居地。村中建筑格局按“八阵图”样式布列，且保存了大量明清古民居，是国内仅有、举世无双的古文化村落。由于这个村子地形中间低平，四周渐高，形成一口池塘。池是诸葛八卦村的核心所在，也是布列“八阵图”的基点。

藏在“尘世”的八卦图

诸葛八卦村的神奇之处在于村中建筑格局按“八阵图”样式布列，中间的池塘——钟池并不大，但这口水塘半边有水，半边为陆，形如九宫八卦图中的太极，奇妙无比。以钟池为中心，有八条小巷向四面八方延伸，直通村外八座高高的土岗，其平面酷似八卦图。小巷又派生出许许多多横向环连的窄弄堂，弄堂之间千门万户，星罗棋布着许多古老的民居。接近钟池的小巷较为笔直，往外延伸时渐趋曲折，而许多小巷纵横相连，似通非通，犹如迷宫一般。外人进入小巷，往往好进难出，甚至迷失方向。有意思的是，数百年来村中居住的诸葛亮后裔并没有意识到小村布局的奇妙之处，身在“八阵图”，不知八卦形。直到近年从

诸葛八卦村一角

一本旧书中查到相关记载，这一奥秘才大白于天下。如今，只要登上镇外的土岗向下俯视，仔细辨别，整个村落九宫八卦之形就会完整地展现在眼前，其布局之奇妙独特，令人赞叹不已。1993 年，国家文物局专家组组长、著名古建筑学家罗哲文先生实地考察诸葛镇后说，中国传统的村落和城郭布局有依山傍水的不规则形和中轴对称的方整形两种，像诸葛镇这种围绕一个中心呈放射状的九宫八卦形布局，在中国古建筑史上尚属孤例，其重大价值不言而喻。

诸葛镇为何如此布局，迄今说法不一。有人认为这种布局是诸葛亮“八阵图”的翻版，是诸葛后人根据诸葛亮阵法精髓而设计的，这既是对祖先的一种特殊纪念，也是对诸葛亮“八阵图”的变相保存。还有人认为，如此布局是出于消防的考虑。中心为钟池，以此为核心四周扩散，不管哪家发生火灾，取水救火的距离都是一条直线，对扑救十分有利。还有人说，诸葛镇地处杭州外围交通要道，战略地位十分重要。诸葛后人虽然不嗜争强斗狠，但防范意识很强。如此布局，有利于在钟池一呼百应，从四面八方包围来犯之敌。

诸葛镇不仅布局奇特，镇中古民居也非常珍贵。据史料记载，此镇始建于宋元时期，后代屡有续建、改造，至清康乾时盛极一时。目前，全镇保存明清古建筑二百余间，散布于镇中的小巷弄堂间，原汁原味，古风犹存。这其中，最具代表性的是镇中的祠堂建筑。据说，极盛时镇中有各类祠堂 18 处，大多雕梁画栋，工艺精湛。现存的大公堂、丞相祠堂是其中的佼佼者。

大公堂位于钟池北侧，始建于明代，据说是江南地区仅存的诸葛亮纪念堂。祠堂前后五进，建筑面积 700 平方米。里间十分开阔，可供数千人举行活动。大公堂建筑用材十分讲究，明间金柱腹部圆周 2 米以上，为典型的“肥梁胖柱”式建筑。细部雕刻十分精美，各种质料、各种雕刻技法一应俱全，堪称杰作。堂内壁上绘有三顾茅庐、舌战群儒、草船借箭、白帝托孤等有关诸葛亮故事的壁画。堂外围墙旁现存六株龙柏，喻示诸葛后人六族繁衍，人丁兴旺。门庭飞阁重檐，高约 10 米，上悬一块横匾“敕旌尚义之门”。顶层有明英宗于正统四年（1439 年）所赐盘龙圣旨立匾一方，表彰诸葛彦祥赈灾捐谷千余石的义举。门两旁分书斗大的“忠”“武”二字。整座建筑古朴典雅，气势恢宏，保存完好。

丞相祠堂与大公堂相距百米，面积 1400 平方米，坐东朝西，平面按

“回”字形布局，有屋52间，由门厅、中庭、庑廊、钟鼓楼和享堂组成，古朴浑厚，气势非凡。祠堂雕梁画栋，门窗栏杆等部件均雕刻精细，美不胜收。中庭是祠堂最精彩的部分，中间4根合抱大柱，选用上好的松、柏、桐、椿4种木料制成，取“松柏同春”之意，祈求家族世代兴旺。中庭两边庑廊各7间，塑诸葛后裔中的杰出人士，用来激励诸葛子孙们奋发向上，成就一番事业。从庑廊拾级而上，两旁分列钟、鼓二楼。祠堂最后是享堂，中塑诸葛亮像，高2米余，两侧分侍诸葛瞻、诸葛尚及关兴、张苞像，气韵生动，呼之欲出。除了上述二堂，诸葛镇内还保存着许多明清古建筑，鳞次栉比，错落有致，仿佛如颗颗璨灿的珍珠，散落于镇中的每个角落。像这样布局奇、规模大、年代早、数量多、种类繁、建筑精、保存好的古民居群落，不仅在江南，就是全国也不多见，具有极高的历史和科研价值。

长期以来，诸葛后人们聚居在诸葛镇中，形成了一些与众不同的生活方式，朴实而妙趣横生。走在镇中，细心一点的人都会发现，窄巷中相对的两家人家门却并不相对，而是错开着，全镇无一例外。当地人管这种做法叫“门不当，户不对”。诸葛后裔们说，这种建筑格局有利于处理好邻里关系。如果“门当户对”，两家人家每天进进出出，交往过多难免发生矛盾。发生矛盾仍要每日面对，积怨更深，难以解决。如果“门不当户不对”，问题就会迎刃而解。另外，诸葛镇民居多为四合院式建筑，四面封闭，中留空间。而房屋的前沿比后沿高，每到下雨，几乎所有的雨水都聚集在自家院内。诸葛后裔们管这种做法叫“肥水不外流”。

八卦村

诸葛后裔多以经营药材为生，青壮年长年在外，家里防火、防水、防盗显得格外重要。因此，在房屋建筑设计上设置了许多附属设施，加强应急保护。民居大门多为铁皮包制，上钉铁钉，里面用“米”字形铁条加固，非常结实。山墙大部为马头墙，高出正常墙体1米左右，这样即使邻居起火，也不致

蔓延过来。院内普遍设有水缸、水池等救火设施，一旦起火，可立即实施扑救。为防水灾，院中普遍有较完善的排水设施，精密而实用。

诸葛后裔们继承了先祖诸葛亮的优良传统，勤于学，精于业，人杰地灵，人才辈出。据传，诸葛亮当年曾有“不为良相，便为良医”的古训，而诸葛亮是千古第一良相，后人不可逾越，于是诸葛子孙们便不问仕途，一心学医。因此，诸葛后裔从医或经营药材生意者特多。自明代起，诸葛镇便成为浙西南中草药的集散地，现在这一传统仍是诸葛子孙谋生的重要手段。

知识链接

什么是八卦

相传八卦是伏羲氏所创。用“—”代表阳，用“- -”代表阴。名称是乾（☰）、坤（☷）震（☳）、巽（☴）、坎（☵）、离（☲）、艮（☶）、兑（☱）。分别代表天、地、雷、风、水、火、山、泽。八卦互相搭配又得到六十四卦，用来象征各种自然现象和人事现象。在中医中，八卦指围绕掌心周围八个穴位的总称。

诸葛八卦村的历史

据考证，诸葛八卦村是由诸葛亮27世孙诸葛大狮于元代中后期开始营建的。至今有600余年的历史，到现在仍保存完好。村中现居有诸葛亮后裔近4000人，是中国诸葛亮后裔最大的聚居地。整个村落以明、清建筑为主，现有保存完整的明清古民居及厅堂有200多处。虽历经数百年，但村落九宫八卦的格局一直未变，其“青砖、灰瓦、马头墙、肥梁、胖柱、小闺房”的建筑风格，成为中国古村落、古民居的典范。称其为八卦村是因其地形、村内建筑结构似内外两个八卦图。村落在8座小山的合抱之中，这8座小山的分布很像八卦的样子，形成外八卦；村中的楼宇建筑、街道八方呼应，“钟池”位于中心，似太极阴阳鱼图，8 条小巷向外辐射，形成内八卦。

诸葛亮 14 世孙诸葛利（952 年）宦游山阴（绍兴）后任寿昌县令，卒于寿昌。其子青由寿昌徙往兰溪西陲砚山下，传至 27 世诸葛大狮（1280 年），因原址局面狭窄，觅得地形独特的高隆岗，不惜以重金从王姓手中购得土地，以先祖诸葛亮九宫八卦阵布局营建村落。从此诸葛亮后裔们便聚族于斯，瓜瓞绵绵。到明代后半叶，已形成一个建筑独特、人口众多、规模庞大的村落。村落布局结构清楚，厅堂和民居形制多、质量高，宗祠的规模宏大、结构独特，各种建筑的木雕、砖雕、石雕工艺精湛，建筑豪华，结构丰富，古建筑总面积达 6 万多平方米，村内地形跌宕起伏，古建筑群布局合理，连绵不断。村中水塘波光粼粼，竹木茂盛，巷道纵横，错落有致。村落景观多样而优美，既有鳞次栉比的古建筑群，又有环水塘而建的古商业中心，全村形成了一个变化丰富而统一的整体。是目前全国保护的最好，群体最大，形制最齐，文化内涵很深厚的一个古村落。

到了诸葛村，人们不免要问：诸葛亮原籍是琅琊阳都（今山东沂南），他当宰相的蜀国在今四川，离浙江兰溪有千里远，他的后人怎么跑到这里聚居与繁衍呢？据历史记载，诸葛亮的第 14 世孙诸葛利在浙江寿昌县任县令，死在寿昌，他是浙江诸葛氏的始祖。诸葛利的儿子诸葛青于北宋天禧二年（1018 年）迁居兰溪，诸葛青的一个儿子诸葛承载在兰溪传了 10 代，到诸葛大狮举家迁到高隆（即现在的诸葛八卦村）。那是元代中期，约在 1340 年前后。

诸葛八卦村的影壁墙

诸葛承载这一系人丁最旺。其中一个原因是这一系诸葛家族秉承先祖诸葛亮的教导，“不为良相，便为良医”，他们精心经营中医药业，所制良药，畅销大江南北，财富积累不少。诸葛村的大经堂（中药展览馆），便是诸葛承载家族在中医药业成就的集中展示。

虽然同是浙江省的旅游胜

地，诸葛八卦村的知名度远不及西湖、千岛湖。因为这个大村庄长期被世人遗忘，到20世纪90年代初，中国研究汉末三国历史（特别是研究诸葛亮）的专家把注意力“聚焦”到这个神秘的村庄。中央政府以及浙江省与兰溪市政府也发现这个村庄蕴藏着丰富的旅游资源，当然，更重要的是它丰富深厚的文化积淀。

20世纪90年代初，诸葛八卦村敞开大门。但在开放初期，来的绝大多数是中国国内的游客，1993年10月13日，中国诸葛亮学术研讨会第七届年会在诸葛村的大公堂隆重举行。这个奇村作为诸葛亮后代最重要聚居地的地位正式被确定下来。1996年11月20日，诸葛村被国务院列为中国重点文物保护单位。

从明代起，诸葛村的高隆诸葛氏家族遵从“不为良相，便为良医”的祖训，在大江南北和中南亚地区开设了三百多家药店，如今诸葛村四代以上的中药世家就有十四家。据光绪《兰溪县志》载，一向发达的兰溪中药业，有三分之二是诸葛族人经营的。天一堂创建于清同治年间，距今140多年，创始人诸葛棠斋是诸葛亮47代后裔。他生于清道光甲辰年，原是儒士，国学生，钦加五品衔。后辞官经商，致力于药业经营。棠斋先生精于鉴别药材，善于经营管理，习药经商恪守“道地药材”“货真价实”“童叟无欺”，以“敬业”“为民”为办店宗旨，十分重视本店声誉与商业道德。诸葛棠斋也成为当时浙江药业界的佼佼者。

知识链接

新疆特克斯——世界最大八卦城

新疆的特克斯县因八卦布局而闻名，传说特克斯八卦城最早是由南宋道教全真七子之一的丘处机设计的。当时长春真人丘处机应成吉思汗的邀请前往西域，当他经过特克斯河谷时，被这里的山川形势打动，于是就布

置了这座八卦城。八卦城呈放射状圆形，街道布局如神奇迷宫般，路路相通、街街相连。同时，八卦城具有浓郁的民俗风情、厚重的历史文化和秀美的自然风光。目前特克斯之最有：世界上最大、最完整的八卦城；世界上唯一的乌孙文化与易经文化交织的地方；中国最西边的八卦城和易经文化所在地；中国道教文化传播最西端的地方；中国西北部最大游牧古国——乌孙国的所在地；中国现存乌孙古墓最多的地方；中国古代有史记载远嫁公主最多的地方；中国古代有史记载第一位公主远嫁的地方；中国古代最大的赛马场——“汗草原”所在地；中国古代游牧民族津命“牙帐”最多的地方；中国古代汉王朝与西域游牧古国和亲时间最长、来往最密切的地方；有中国唯一用“乌孙”命名的山脉——乌孙山。

第二节 太极星象村——浙江武义俞源村

只应天上有的古村落

中国浙江省武义县西南20公里处有一座看似平凡的叫俞源村的小村子。村子三面环山，一条弯弯的峡谷坐落在村子的南面，一条S形的小溪从村中穿过，它正是奥妙所在。

远远看去，那呈S形的小溪竟是一条阴阳界线，与周围山沿把整个村子

勾勒成一个巨型太极图。而村子的布局更含玄机，村中那幢幢灰瓦白墙的古老建筑按天体星象来排列的正合“天罡引二十八宿，黄道十二宫环绕”。大凡到此的人都会慨叹“此村只应天上有，为何下凡到人间”。

古村街景

那么这座村子是谁建成的呢？传说此村的太极星象布局由明代开国功臣刘伯温设计指挥建造。据俞源村《俞姓宗谱》记载，俞源村的俞涞与刘伯温是同窗好友，因此刘伯温常到此村与俞涞聊天，并应邀指点山水，而把村庄设计成星象、八卦布局。目前这个村子共有代表性的明代古建筑28幢，与二十八宿分布相对应，村四周有8座山头，加上村口巨型太极图构成天体黄道十二宫和七星塘，七星并呈北斗星状分布。俞氏宗祠正好位于天罡北斗的“斗”内。

这里可谓到处笼罩在浓重的太极文化的氛围之中。巷道、梁柱、墙壁和门窗、生活用品处处都有形态不一的星象图案。古建筑内或木雕、或石刻、或砖雕太极图、动物花草、人物神话故事，做工精细，风格各异，形态万千。

不管是不是刘伯温设计的太极村，但确实给此处带来更多的灵气，为这里的居民带来幸福。事实上，此村明清两朝出过达官贵人、著名文士260余人。这个村里的许多东西都带上了“灵性”。村口的参天古树历经千年风霜雨雪仍屹立不倒，“声远堂”桁条上的8条木雕鲤鱼会随季节变化而变色，等等。

深藏的太极文化

南宋时，在松阳任儒学教谕的杭州人俞德过世后，儿子俞义护送灵柩回杭，路过这里投宿时，停放在溪边的灵柩被紫藤缠绕起来。俞义认定这里是神地，便置地葬父，三年守孝之后便与当地人通婚，从此揭开了太极村的历史。从俞源村后的梦山岗高处俯瞰，一条山溪从村庄东南方流入，呈“S”形流向村外田野，与四周青山在村口勾勒出一个巨大的太极图。

"S"形的溪流正好是一条阴阳鱼界线，把田野分割成"太极两仪"。溪南"阴鱼"古树参天，鱼眼处现有公路穿过；溪北"阳鱼"稻壳金黄，鱼眼处种着旱地作物。

俞源村是个有700多户人家、2000多人的古村落，是目前中国最大的俞姓聚居地。俞源古村几乎囊括了江南地区所有明清古建筑的格式。村中现存各类宋、元、明、清古建筑395幢，堪称全国之最。民居、宗祠、寺庙、亭阁、牌坊、藏书楼一应俱全，大气的元建筑、古朴粗犷的明建筑、繁复细腻的清建筑在此一一得以展现。

建造太极河后，俞源几百年来未发生过一次洪灾，是否仅仅是巧合？为何古建筑的木雕、砖雕、石雕，从无白蚁、无蜘蛛、无苍蝇蚊虫，也无鸟雀过夜？"声远堂"沿口桁条上的9条木雕鲤鱼为何每年会随季节变色？村口参天古树为何如此茂密？明、清两朝俞源出过尚书、抚台、知县、进士、举人260余人，是因此地阴阳和谐、气场特殊之故吗？这些都成了一个吸引人去探索的谜。

古老村落的风貌

知识链接

太极的精妙文化

太极是阐明宇宙从无极而太极，以至万物化生的过程。无极即道，是比太极更加原始更加终极的状态，两仪即为太极的阴、阳二仪。太极一词最早见于《易传系辞上》，“太极”是表示“太空的中心”的意思，代表着上古人对宇宙大爆炸之后状态的抽象理解。现代科学认为，大约135亿年前，无极的混沌状态引起波澜，不知名的物质相互碰撞，相互之间产生磁性，磁性又使不知名物质相互吸引，不停地聚集在一起。聚集在一起的不知名物质继续相互碰撞，使各物体产生了高温进而使体积越来越大，温度越来越高。终于，温度和体积到达了极限，发生了前所未有的“宇宙大爆炸”。

第三节 棋盘上的村庄——安徽黄山石家村

石家村地处黄山东麓，因全村居民皆姓石，故名石家村，又因地处旺山麓，也称旺山村。村内道路分为3条经线、5条纬线，错落有致，道道相通，

整个村庄的布局如一个棋盘，因此这里也被称为“棋盘村”。

隐秘着的棋盘村

石家村，后村正中的石氏宗祠象征“帅府”，村前的桃花溪象征“楚河汉界”，一幢幢民居犹如一枚枚的棋子散落其间，山水明净。游行其间，犹如过河兵马，运筹帷幄、了然于心。

当绩溪的山水风光一一被渲染成诗画，当徽商、徽菜、徽墨、徽剧大放异彩，当砖、木、石徽派三雕艺术缤纷耀眼之时，石家村却悄然地隐秘于山林，摆下了一张千古棋盘，在600多年的遐想中，无声无息地书写着它的历史与沧桑。

风水棋盘村

徽州古村落选址十分讲究风水龙脉，注意人居与自然的和谐，谋求“天人合一”，祈望子孙后代人财两旺，安居乐业。在古代风水学中，水口是一个村落的命脉，故棋盘村的水口位于村西端，石山对峙，由桃花溪、古石桥、魁星阁构成，称“狮象守门”。水口石山有天灯柱，村后南山有祖墓，墓旁有古松一株，名“抱祖松”。村落以石氏宗祠——“帅府”为中轴线，左右对称。“帅府”与一幢幢象征着“士、相、马、车”的民居，一字排列在棋盘底端边线上。“帅府”的对面是半亩方形池塘，池塘里有一个按照石守信帅印比例扩筑的长2丈、高宽各1丈的印墩，印墩上的古柏象征着印柄。

古村宗祠

棋盘村的民居大多是明清时期典型的徽浙派民宅，外观

为石库门、小青瓦、白粉墙、马头檀等，石库门的门盖上置有门楼。门楼和门盖中间用青砖嵌白粉线条和砖雕作装饰。屋内分上、下客堂，上客堂和下客堂两边是厢房，中间是客厅，上堂和下堂中间隔一天井，天井地面用精加工的花岗岩石铺就，地下置下水道，地面至檐口装有落水管。天井又称明堂，是古代徽派建筑用来采光的，同时又是屋面雨水排泄，俗有四水归明堂之称，象征财源不外流，天井两边为阁厢。上下堂还各置有两个“经巷”，一般是通向隔壁居室或厨房的通道，“经巷”各置落地花楹门两扇，门上雕有人物、花草等图案，屋内有立柱 44 根，用料十分讲究，大多为银杏和香椿树制成。上下客堂各有大梁一根，大梁两端雕有人物图案，支撑大梁的立柱上装有雕刻精致的狮撑，每个狮撑都刻有母狮一头、幼狮数头，母狮脚踏雕空的圆球呈“狮子滚球”状。厢房的窗门均有一块栏板，这是整个居室木雕艺术的精华。上面雕的古代故事中的人物、山水、交通工具等应用尽有，充分体现出绩溪“三雕”中木雕艺术的魅力。

一盘完整的棋

棋盘村村内有 3 条横街，是棋盘中的 3 条“横线”。流经村中的桃花溪——“楚河汉界”，隐喻石守信当年常与赵匡胤对弈。桃花溪一侧的远堤岩是红方棋盘的“河界”边线，南北向的纵向街巷是红方棋盘上的九条“直线”。为了棋盘的完整，每条街巷的两端均筑有闸门，巷路尽头皆设弄门，夜晚关闭，宛若一座城堡。村中下水道明暗兼有，5 尺宽石板道路，防盗用的上下闸门及马头墙均为典型的徽派建筑式样。街巷一半是水圳，一半是路面，路面用长条麻石横向铺设，条石伸出水面而悬空，夜深人静时若有人行走，便会发出“咚咚”的响声，而水圳更明显的用处在于就近提供水源，以防失火。

棋盘村始建于明代，是北宋开国元勋石守信的后裔到此落户建的村。当年石守信与赵匡胤交情很深，二人经常在一起下棋。所以后人在建村时就以房屋、街道、溪流为元素组成纵横有序、方正整齐的棋盘式村庄，而且在《石氏宗谱》上告诫后人：“村如棋盘，建房屋不得阻塞街道”。因石家在清朝失去了自己曾有的地位，所以村口的魁星阁在建造时还蕴含了“反清复明”的意义。

因石家村远祖石守信原籍是河南开封，而河南石姓发祥地是甘肃武威，均在棋盘村以北，故全村所有房舍和宗祠、厅屋均座南向北。虽然向北的建筑走向与中国传统民居大多坐北向南的习惯相背悖，但为纪念祖辈、思怀故土，同时也为了让石姓的子孙后代立于不败之地（按照风水的原则，棋盘村址位于旺山北麓，而绕村河流桃花溪在北面，向西流去，依据古代“枕山面水”的风水原则理应屋房舍门户向北），向北既是一种怀念，同时也是一种希冀与期盼。

在棋盘村的古文物中有一轴被石氏族人视为镇村之宝的吉画——《石守信报功图》。此图全称“威石氏源流世家朝代忠良报功图”，是一幅巨型版画。画面高5.6尺，宽8尺，它的制作工艺是将整个画面分割成数十小块，再由工匠逐块刻制成版印，最后按画面顺序排列制成。画面四边刻有龙纹。画中主要内容是石守信及其祖先如何英勇作战建立功业的故事。图中各种人物达千人以上，军旗军马不计其数，是名副其实的千军万马图。

知识链接

刘伯温何许人也

刘伯温，即刘基，字伯温，浙江青田人，明洪武3年封诚意伯，人们又称他刘诚意。武宗正德九年追赠太师，谥文成，后人又称他刘文成、文成公。元末明初军事家、政治家及诗人，博通经史、尤精象纬之学、精兵法。他辅佐朱元璋完成帝业、开创明朝并尽力保持国家的安定，因而驰名天下，被后人比作诸葛武侯。朱元璋多次称刘基为：“吾之子房也。”在文学史上，文与宋濂齐名，诗与高启并称。刘基与宋濂、高启并称“明初诗文三大家”。著有《郁离子》《覆瓿集》等。

第四节 土楼奇葩——福建漳州田螺坑村

提起客家土楼，最为有名的要数福建永定土楼了，这朵民居建筑中的奇葩如今已广为人知，大放异彩。而漳州的土楼虽然被世人发现的时间要晚于永定土楼，但其鲜明的特色和个性与之相比却毫不逊色。

“天外来客”看土楼

走在闽西南的山野中，看着一座座“天外来客”似的土楼，不禁有点纳闷：到了明清时代，有钱人都在热衷于雕花门楼和园林艺术时，而这里的富人怎么还在以泥巴为主要建筑材料，将住宅修得像一座座堡垒？

福建土楼以龙岩的永定圆楼最早出名，不过漳州土楼也极为精彩。无论是追溯土楼历史的久远，还是建筑形态的奇异多样，漳州土楼都给人更为丰富的遐想。

据考证，漳州土楼起源于唐朝陈元光开漳时的兵营、城堡和山寨。当地人文的兴盛与中原旺族的一次次南迁紧密相关，当时只有富裕的人家才需要花大力气来保卫财富和生命的安全。

在数以千计的漳州土楼中，南靖县书洋乡田螺坑的土楼建筑群是最美丽的，它由一方、四圆五座土楼组合而成，如山野中盛开的花儿。

继“步云楼”建成之后，黄百三郎的后代又环绕着它先后建起了“和昌”“振昌”“瑞昌”和“瑞云”四座圆楼。现代建筑专家来考察后，都叹服古人的建筑智慧。这四座圆楼的建造者顺地势增减一层屋柱高度的方法，成功地在第二层取得了平面，大大方便了居住。

福建土楼

在闽西南一带，建土楼的传统由来已久。比起砖石和木质结构，建造土楼的工序显然要烦琐许多。在大量生土中，要掺上石灰、细沙、糯米饭、红糖、竹片、木条等，并反复揉和、冲压、夯筑。

在聚族而居的土楼里，一层为厨房，二层为仓库，三至五层为起居室，院落里有水井，有宽阔的活动空间。客家人喜欢土楼，还因为它有防盗、防震、防兽、防火、防潮、冬暖夏凉等优异性能。

知识链接

最大的土楼——承启楼

承启楼位于福建省龙岩市永定县高头乡高北村，据传从明崇祯年间破

土奠基，至清康熙年间竣工，历世3代。其规模巨大，造型奇特，古色古香，充满浓郁的乡土气息。被奉为“土楼之王”的承启楼，里外4圈，是圈数最多的圆楼。外圈直径72米，4层，每层72个房间。4圈楼屋外高内低，俯瞰为4个同心圆，一圈套一圈。中心单层的圆形院落，雕梁画栋、飞檐翘角，是全楼的议事大厅。正门与厅、厅与左右侧门有通道，圈与圈之间有巷道，楼中廊道回转，重门掩映。进入楼内，就如同进入一个迷宫，令人不辨东南西北。全楼400个房间，鼎盛时居住过80多户600多人，全是同族。承启楼是客家人聚族而居的范例，厅堂上有一副对联：一本所生，亲疏无多，何须待分你我；共楼居住，出入相见，最宜重法人伦。1986年，邮电部发行的一套《中国民居》邮票中，“福建民居”采用的就是承启楼的图案，并被评为当年“世界民居最佳邮票”。

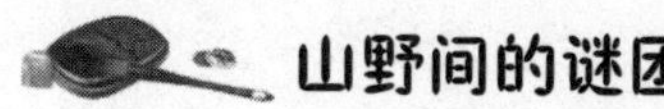

山野间的谜团

田螺坑村，属福建省漳州市南靖县书洋镇，是一个土楼村落，由1座方形、3座圆形和1座椭圆形共5座土楼组成。居中的方形步云楼和右上方的圆形和昌楼建于清嘉庆元年（1796年），以后又在周边相继建起振昌楼、瑞云楼、文昌楼。五座土楼依山势错落布局，在群山环抱之中，居高俯瞰，像一朵盛开的梅花点缀在大地上，又像是飞碟从天而降，构成人文造艺与自然环境巧妙天成的绝景，令人叹为观止，堪称是民居建筑百花园中的一朵奇葩。2001年5月被列入国家重点文物保护单位。

田螺坑地名的来历颇具神话色彩。有村民说，它得名于村庄背靠的湖岽山状似田螺；也有人说，田螺姑娘的神话故事说的就是黄家祖宗，那个叫黄百三郎的幸运儿，因为田螺姑娘的神助，才得以从一个养鸭少年成为一方富绅。

田螺坑土楼

田螺姑娘未必是真，黄百三郎可是确有其人。田螺坑黄氏族谱证实，清朝嘉庆年间黄百三郎从永定移居此地，并在这里开始了他的传奇人生。土楼群中的黄氏祠堂中央有祖先牌位，黄百三郎名列第一，而他的墓穴就在距田螺坑2000外的“五更寮”，每年清明都接受着田螺坑人的祭祀。

这个养鸭少年当年充分利用山涧泥地尽是田螺，以及谷深林密的地域优势，不断扩大再生产，为自己赚取了第一桶金。像大多数中国人一样，黄百三郎有钱之后最喜欢做的事就是盖房。最先盖起来的是方楼，雅名“步云楼”。沿着高低地势将中厅修建成阶梯状，让人进入大门后就能体会“步步高升”的快感，这样既突出了祖厅的重要地位，又寄托了“平步青云”的美好愿望。

田螺坑自然村，距南靖县城60公里，坐落在海拔787.8米的狐岽山半坡上。村落东、北、西三面环有大狐岽山和大科岽山山脉，南面为大片梯田。村落中，五座土楼依山势起伏、高低错落，疏密有致，构成人与自然环境和谐共存的绝景。

知识链接

最美的土楼——振成楼

振成楼，坐落在福建省龙岩市永定县湖坑镇洪坑村中南部，由洪坑林氏21世林鸿超兄弟等人于民国元年（1912年）建造，俗称八卦楼，以富丽堂皇、内部空间设计精致多变而著称，这座“土楼王子”，占地5000平方米，费时5年才造成。楼分内外2圈，内圈中轴线后座为大厅，4根直径

约70厘米、高近7米的圆石柱挺立厅前，擎起长9米、方约40厘米的石柱，支撑着四棱锥形的屋顶。厅内可容纳16张八仙桌的宾客同时用膳，还可兼作舞台，天井和内圈的上下层走廊能容纳数百人观看表演。外圈4层，每层48间，按《易经》的“八卦图”布局建造。卦与卦之间设有青砖防火隔墙，隔墙中有拱门，开则全楼相通，合为整体；关则各卦自成独立院落，互不干扰。站在厅前中心点上，可以看见左右的水井和侧门。据楼主说，两口井位于振成楼太极八卦图中阴阳鱼的鱼眼上，一阴一阳，水面高低差2米，水温差2度。全楼1厅、2井、3门、4梯，8卦的对称布局，井然有序。振成楼外侧还有耳房、学堂和花园，远看就如一顶旧官帽。1986年，振成楼的模型与北京天坛、雍和宫的模型一起，作为中国古建筑的代表，参加了美国洛杉矶国际建筑模型博览会。

第三章

历史中走来的古山寨

清末民初，战乱频繁，匪盗横行。为躲灾避祸，山里的百姓或以家族为单位，或以村为单位，或依附于大户，纷纷在险要的山头修筑山寨。许多山寨都曾接受过战火的洗礼，见证过那段难忘的烽火岁月，每座山寨都有一段传奇的故事……

第一节 深山中的古寨群——湖北襄樊南漳古寨

南漳古寨是湖北省襄樊市南漳县东巩镇及周边地区大大小小几百处古山寨的总称，它其实是一个山寨式古建筑群。古寨的建筑大多系民用避难设施，也有部分是军事设施。

巴蜀咽喉地的古山寨

地处鄂西北秦巴山系余脉的湖北省南漳县，是楚文化的发祥地之一，自古为“襄西之屏障，巴蜀之咽喉”，境内崇山峻岭，山高谷深，有“八山半水分半田”之说。南漳多古寨，南漳县曾被湖北省确定为第三次文物普查试点县。古山寨群距南漳县城约 80 公里，坐落在东巩镇。一进入这个镇的地界，沿途就可看到远山上有不少石寨。在杜家坪村，远处高山上有一座石寨耸立山顶绿荫丛中，若隐若现。山岭下的一个小山峰上，另一座古寨的高耸寨门清晰可见。在这些山寨中，处于山顶的大山寨叫老寨，从山脚攀登到老寨最少得 4 个半小时，因为没有路，外人一般需要带着镰刀砍出一条小路上去的，老寨很大，里面建有庙。处于半山腰的山寨叫新寨，其规模小于老寨。

古村民居

据说南漳县共发现大大小小古山寨500多处，被文物部门收录了380多处。最大的山寨是东巩镇卧牛山上的古山寨，被专家称为“华夏第一大山寨”，据初步考证，卧牛山寨始建于东汉末年，三国将领周仓曾在此筑寨屯兵，明末李自成命部下郝摇旗在此继续筑寨。卧牛山寨依山势而建，跨越3个山头，面积1.1平方公里，分设5个寨门，沿寨墙垒筑掩体85个，瞭望台7个，炮台20个，寺庙建筑和石垒房屋375间，规模之大令人惊叹。

南漳为何有这么多古山寨？考古工作者的解释是，由于历史上这里战事频仍，匪患猖獗，尤其是自明清以来农民战争、流民起义以及民间土匪在这一带活动，山寨便是这个时期的产物。经初步考证，这些山寨多数是民间自行出资修建。少数山寨是军事设施，多数山寨实际上是当地村民的避难所，遇到战火或匪盗来袭，当地村民就搬入山寨避难。

遗世独立的古山寨

在南漳县的古山寨群中，最具有代表性的古山寨的是春秋寨。远远望去，山寨建在一座呈南北走向的山脊上，宛如一段长城横亘于山顶。一条河绕山而流，使这座山东、西、北三面环水，犹如一个半岛，只留下南面与陆地接壤。山的西面是斧削一般的悬崖绝壁，直入河中，形成一道天然屏障。春秋寨依山就势，建在这个易守难攻的山脊上。由于人迹罕至，通往山寨的羊肠小路没几天就被丛生的灌木湮没。

上到山顶，就会发现这座南北纵向而卧的山脉，顶部东西间最宽处仅50米左右，山寨沿这个东西窄南北长的山脊呈“一字形”布局。山寨只有南门和北门两个门，西面寨墙直接依绝壁而建，东、北面在寨外垒起了高高的石墙。有敌来犯时，只要派人扼守住南门和北门两个进口，便可一夫当关，万夫莫开。进入山寨，穿行于山脊上南北两排石屋中间的街巷式通道，大大小小150多间石屋赫然矗立，高高的炮台、瞭望台煞是森严。石屋已经没有屋顶，地上到处是破碎的石块，石缝里荒草丛生，很多石屋四壁已残缺不全。站在西面寨墙上往下看，六七十米高的石崖犹如刀削斧劈，令人不寒而栗。整个山寨南北长1200米，东西宽20米至40米不等，建筑面积3万多平方米。山寨的寨墙全部由当地特有的片石砌成，厚度40到60厘米。

春秋寨又称“邓家寨”，是邓家一个名叫邓九公的祖先为防匪患修建的。

因传说三国时关羽曾在此夜读《春秋》，该寨又名春秋寨。目前，山寨主体结构保存较好，具有极高的研究和观赏价值。据说解放前，在这个山寨中最多时住了100多户人家，新中国成立后，他们慢慢搬下山来。

古山寨群中，另一个具代表性的是樊家寨。樊家寨是一个城堡式的古山寨，位于板桥镇，与春秋寨风格迥异。山寨建在群峰中一个位置较高的山峰顶部，峰顶已被削平，地势不及春秋寨险峻。但登临此寨有一览众山小之感。

樊家寨坐西朝东，呈长方形布局，南北长约百米，东西宽约60米，总面积近6000平方米，可容纳数千人。全部用当地片石砌成的，围墙上东、西面各有一道大门，是这个寨子仅有的两个进出口。寨墙厚实，高耸峙立，寨中有堡，寨外有廓，多重防护，十分严密。沿镶嵌在寨墙内的石梯攀上5米多高的墙顶，只见山寨西南和西北两角分别建有堡楼，呈“八”字形向外伸出，堡楼下部两侧建有瞭望孔或射击孔，形成掎角之势。除了东面大门，寨墙西、南、北三面有外廓环绕，是山寨遇袭时的第一道防线。廓现大都毁损，只剩下孤零零的墙脚。

20世纪70年代，樊家寨曾被作为村部办公场所，后来村部搬出，辟为农田，现在山寨内长满了绿油油的庄稼。据说当年村民拆山寨石头盖房子时，曾发现一块石碑，上面记载了山寨的修建过程。

板桥镇的青龙寨以布局巧妙闻名，板桥距离东巩不远。周围有小漳河静静流淌，在小漳河至北峰前，一条古道蜿蜒在崇山峻岭之中，古老的山道是板桥通向西南山区的唯一途径。在湍急的猛洞河上，一座颤巍巍的小桥就像是古道的咽喉。小桥对面，在身披浓荫的山巅，有一圆一方的两个寨子，那就是青龙寨。它背靠大山，除了面对猛洞河的这一侧，三面均为悬崖峭壁，绝难攀登。它就这样扼守着古道，扼守着小木桥，可谓是“一夫当关、万夫莫开”。它的建筑也别具一格，实际上由两座山寨组成。两寨一圆一方，象征着天地合一，阴阳相配；间距仅3米，高低错落有致；有一大一小，大寨为长方形，东西分设寨门；小寨建筑为圆形，南北分设寨门。据说青龙寨是按照阴阳八卦设计的，寨的长度、宽度、房屋间数、门窗等有关数据均与八卦相符。大寨保存有大部分寨墙，石屋和箭堡、寨门也完好无损。不过，青龙寨的规模远不及卧牛寨、春秋寨等，其大小寨内石屋总共不过32间。今天，小北公路就从青龙山的半腰通过，在数里之外就可以看到青龙两寨的雄姿。沿着山间小径漫步五六百米，经过一座近年修复的山神庙，青龙的大寨便呈

现在眼前了。大寨西墙高 4 米，寨门高 2 米、宽 1 米、墙厚 1 米，寨门上方有 3 米高的箭楼。门后为指挥台，正方设有一排炮孔。

青龙寨建于清朝嘉庆元年（1796 年），是因白莲教而建的。那时候政府组建地方团练武装，把百姓赶到寨堡，坚壁清野，对白莲教实行分割包围的战略。当时，还筑有徐总兵驻扎板桥的总兵寨（位于新集）。徐总兵组织地方联防，共筑有山寨 48 座，现在仍有包括青龙寨在内的 36 座山寨在风雨中屹立。

第二节　湘西“莵箩”——湖南凤凰都罗寨

都罗寨古称“小都罗”，又名“莵箩”，是一个土家族民族山寨，位于湖南省凤凰县林峰乡，总面积达 4 平方公里。地形复杂，峰峦迭起，林深谷幽，沟堑纵横，溪河交错，山清水秀，景色迷人，以奇、秀、险、幽而独居一方，是理想的旅游佳境。

林峰腹地小都罗

都罗是个山清水秀的山村，特殊的地质结构造就了丰富多彩的地貌，使这个弹丸小村，竟然将千里之秀熔于一炉，就像一颗璀璨的明珠镶嵌在游螺江（白泥江）畔。都罗境内高山峡谷，悬崖峭壁，峰盘路转，星罗棋布，这里的山不仅形态峻美、多姿，而且山峦起伏，群峰竞秀，大山环抱着小山，小山簇拥着大山，两者有机结合，奇妙无比，野趣横生。由于都罗多为石灰岩、页层岩，易受溶融、风化，从而造就了许多石柱、石峰，这些石头不仅险峻，而且形态各异，巧夺天工。都罗境内溪河一般位于高山峡谷中，两岸悬崖峭壁，峰盘路转，飞泉流布，星罗棋布，溪水织山伴石，九曲迂回，流

水轻重缓急，河面时宽时窄，阔处碧潭列罗，绿洲醉迷江心，窄处石砥江中，水流湍急，水花回溅，拐弯处，岸上铺满遍地月牙形的金色沙滩，如诗如画。都罗的山高低不一，形成多级阶梯，有的瀑水依山倾泻而下，构成叠状瀑布群，和谐统一；有的瀑布上部依山下泻，下部则凌空飘落，气势雄伟。在瀑布之下，必有深潭，地处幽谷深涧之中，奇峰怪岩。斜峙潭上，潭水清澈碧透，宛如无瑕翡翠。天光山影，倒立潭中，绮丽无比，妙不可言，山得水而秀，水得山而媚。

都罗的山不高，但灵秀峻美，包罗万象，玲珑多姿。都罗寨现存明清时期民居建筑43栋，建筑面积4830平方米，保存全面的在80%以上。其中明代建筑15栋，清代建筑28栋，保家楼5座，三合院7栋，四合院4栋。其中抗日救亡夜校旧址三合院1栋，沈从文童年生活过的四合院1栋；明代军事构筑物古屯堡2座，石硐1座，现存状况有80%以上；石硐遗址2座，保存程度在40%以上；明代官田，屯堡驻兵硐田各20亩，现仍为良田耕种；明清官塘5口，驿站（官亭）遗址1个，明代水碾3座，保存程度在60%以上。那排排古香古色瓦房、吊脚楼、茅屋、农家小院，别具民族风格和地方特色。古寨条条古朴、典雅的石板路，斑驳陆离，曲径通幽，至今景色依旧，古韵犹存。村子周围古树参天，翠竹如云，池水澄清，更为古寨增添了几分生机与魅力，充满了诗情画意。

都罗具有土家族生产、生活习俗和民族风味。有悠久的手工艺传统技术，如印染、雕刻、刺绣、纺织、竹器编织等民间工艺；有独特的土家族山歌、情歌、哭嫁歌、伴嫁歌、佛歌、丧堂歌、打油歌。有古老的文化傩堂戏、打溜子、霸王鞭和特别的木匠鲁班文字。

知识链接

湘西文人沈从文

沈从文（1902—1988年）原名沈岳焕，笔名休芸芸、甲辰、上官碧、璇

若等，乳名茂林，字崇文，湖南凤凰县人，苗族，祖母刘氏是苗族，其母黄素英是土家族，祖父沈宏富是汉族。沈从文是现代著名作家、历史文物研究家。1924 年开始文学创作，抗战爆发后到西南联大任教，1931 年至 1933 年在山东大学任教。1946 年回到北京大学任教，新中国成立后在中国历史博物馆和中国社会科学院历史研究所工作，主要从事中国古代历史的研究。出版有《边城》《中国古代服饰研究》等著作。

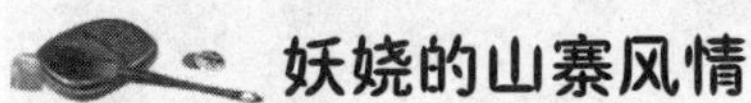

妖娆的山寨风情

都罗寨的习俗丰富多彩，平时的衣食住行待人接物，都带有浓郁的土家特色。而又以出嫁、葬丧、祭祀三者为最，出嫁时的哭嫁歌、葬丧时的丧堂歌、祭祀时的傩堂戏，都是本地的大特色。通过这些活动，可以探索到土家族的文化渊源，感受到此地人的纯朴善良。

清晨，牧童木叶悠扬，清脆悦耳。劳作时，山歌连绵，相互呼应。晚上，锣鼓一响，便上演傩堂戏、阳戏，村民们自娱自乐。还有逢年过节的祭祀活动，和一些民俗活动，村民的生活过的既简单又充实。在都罗寨如果游人走累了，可随便到哪一家歇一下脚，主人会热情地接待你；吃饭时间，主人会热情地拉客人入席，简简单单吃一餐。没有什么好菜，没有太多的言语，那份真诚和热情却难以让人忘怀。

古村寨的小路

都罗的云海也是著名景观之一。这里的云海呈白、厚状，随着太阳越升越高，阳光一层层穿透云海，云海慢慢地变薄、透明。待云海消失后，整个都罗寨尽收眼底。都罗寨的云宁静、参差错落，淡淡的山影为云海

古村新景

增添了层次。云雾下隐约可见几座缥缈的山峰，若隐若现。这是光与影的旋律，也是鬼斧神工的技巧。

都罗地区有很多新奇的景观，其中就有岗水洞。岗水洞地势十分险峻、雄奇，洞上、下均为悬崖，且有一泓如带似涟的清泉从石壁上凌空而下，烟雨纷霏，幻如“水云仙境”。洞口左侧有一奇峰翘出，半掩半遮着洞口，一眼望去，真有种神秘莫测的感觉。奇峰旁边有一道人工开凿的栈道与山下相连，宽尺余，此处势如刀削，光滑无比，下临深渊，易守难攻。岗水洞分为三层，第二层洞隐藏山中，第三层又名“牛鼻洞”，三层均有小洞串联相通。一层为主洞，长约300米，洞口高、宽约8米，前厅宽敞，可容千人。由于过去是藏匪老巢，如今还有两道残墙断壁。三层牛鼻洞是个“U”形圆洞，直径一米余，拐弯处有一洞与二层相通，是个“一夫当关，万夫莫开”的地方，岗水洞既有溶洞之美，又有山川之秀，是来都罗寨的必游之处。

都罗境内山多，故山洞无处不有，无处不生。有的位于溪涧瀑布里，有的位于高山之巅，有的位于悬崖峭壁上，有的位于深山峡谷中，洞内景致奇幻无比，五光十色，妙趣横生。

第三节
面积最大的古山寨——四川旺苍油树村

在旺苍县化龙乡油树村，考古工作人员们发现了一座寨墙及山寨格局保存较好的古山寨。它建成于元朝，占地7.1平方公里，比目前被认为是中国境内面积最大的古山寨的湖北省南漳卧牛山寨，还要大上2.2平方公里。

“奶头”寨

川北旺苍的古山寨位于化龙乡政府背后的油树村一座海拔800余米的山上，由于山寨制高点为一高约20米、直径约18米的状如奶头的山峦，当地老百姓称此山寨为“奶头寨”。山寨寨中有寨，构成四道防御体系，北、南面为高约80余米的山崖，其余地方地基由厚实的块石沿着山崖边砌垒筑建而成。寨四周共有寨门13个，寨子呈不规则带状，周长约10公里，全寨总面积约7.1平方公里。

川北旺苍

从东面山脊攀越山寨，在山脊上横着一道巨石垒砌100多米长的山寨墙，寨墙两边略有坍塌，但大部分完好，寨墙留有望台、射箭孔、放石垛、滚木台、屯兵营。寨墙中间有一道窄窄的寨门，宽约1.5米，高约2米。扶着身边的石块小心翼翼地穿过寨门，前面是一块平坦广阔的平地。这里有一排石头房子，但多数已坍塌。

沿着山脊继续前行，越过一个缓坡，第二道寨墙立于眼前。这道寨墙仅有十来米长，它正好横在山脊最窄、最险峻的地方，两侧是悬崖峭壁。穿过第二道寨墙的寨门，前面又是一块平坦地，这里壕沟纵横、工事密布，依稀可见当年的战斗遗迹。第三道寨墙横跨在山脊上，有百余米长，比前两道寨墙更显气势，这道寨墙上方还保存着用于防御射击的垛口。第四道寨墙内就是占地240多平方米、远看形如奶头的制高点，该山峦上面地势平坦，山上满是瓦砾。据当地百姓来讲，山峦上过去建有一座三元坛大庙，1935年毁于战火。

旺苍古寨

旺苍古寨的历史久远，在这些历史中，记载了很多关于当地人反对元朝统治的历史，其中最著名的就是刘福通的抗元斗争。据《旺苍县志》记载，元延元年至元延五年（1314—1318年），旺苍地区杜铁连和陈刚起义反元时在该山建造此寨；元末刘福通所部也曾在这一带和元军进行过数年的拉锯战，最后依据此寨打败元军；明清时当地百姓为躲避战火，也相继到此寨避乱。

刘福通其人

刘福通（1321—1366年），颍州（今安徽阜阳界首市）人。元末北方红巾军领导者，与韩山童等长期利用白莲教在民间进行反元活动。1351年武装起义。韩山童战死后，刘福通拥立韩山童之子韩林儿为帝，称“小明王”，国号“大宋”，定都亳州，建元龙凤。他自任平章，后杀杜遵道改任丞相，掌握军政大权。不久率军攻克汴梁定为都城。后来，刘福通先在汴梁为元将察罕帖木儿所破，后在安丰为诚王张士诚所围，刘福通向朱元璋求救，朱元璋命廖永忠迎小明王、刘福通至应天（今南京），途经瓜州，廖永忠将他们沉入水中溺死。

第四节
太行绝壁上的明珠——河南辉县郭亮村

郭亮村在距离河南省辉县西北 60 公里的太行深处，位于海拔 1700 米的悬崖上。这里不但山势独特，峰峦叠嶂，山清水秀，洞奇瀑美，潭深溪长，还有质朴的石舍，纯朴的山民，石磨、石碾、石头墙，石桌、石凳、石头炕，浑石到顶的农家庄院一幢幢、一排排、依山顺势地坐落在山中，以其特有的魅力，招来了大批中外游客，也受到了影视厂家、艺术家们的厚爱。

太行山上的一颗明珠

郭亮村以秀美山岭、独特的石舍而闻名全国，更以其周围自然风景吸引着游人。郭亮洞，长 1200 米，洞顶是嶙峋的怪石，开凿时留下的支撑廊顶的天然石柱，形成了崖下的“照明窗口”。郭亮村地处辉县万仙山风景区，周围有很多山洞，比如有红龙洞、白龙洞、黄龙洞，洞内倒悬的钟乳石千姿百态，形神各异，令人叹为观止。

郭亮村地处山西和河南两省交界处的深山中。这里秀峰突兀，石径崎岖，红、白龙溶洞深邃，喊泉银瀑倒悬。

太行深处的郭亮村

郭亮村的人，大都为申氏。郭亮村源于公元 9 年至公元 23 年之间的西汉末年，当时王莽建立“新”王朝，

这期间爆发了大规模的农民起义。农民领袖郭亮，一举建立了农民政权。后来郭亮欲凭借太行绝壁峡谷与敌人交战失利后，兵败退至山西。后人为纪念这位农民英雄，将他当年战斗过的大本营誉称为郭亮村，直至现在。申氏家族元朝末期在南京做官，明初朱元璋清洗京都，将申氏家族发配边疆，途中逃离。全族几百口人砸掉大铁锅，一户分一块锅铁，各奔东西，但愿来年拼回原形，全族团圆，故称“大锅申”。当年一小部分申族人进入河南，躲进太行山中隐居于郭亮村。

除了拥有悠久的历史，郭亮村还是抗日战争期间中共辉县县委和县抗日民主政府所在地，是著名将领许世友战斗过的地方。电影《平原游击队》中李向阳的原型郭兴当年曾在这里学习、训练。农民起义也好，抗日政府所在地也好，都说明郭亮村是个易守难攻的堡垒。抵达郭亮村，必须先要穿过一段太行大峡谷，峡谷的底部，与华中平原相连接，其顶部平台，海拔竟已在1200 米以上。从沙窑乡西梯坡村顺天梯登崖顶是件相当累人的事情。过去这条绝壁小路，曾是大山中唯一通往中原的古道。直到 19 世纪 70 年代，山民打通了令人叹为观止的郭亮洞，人们才逐步废弃了这条“天险”小路。

太行隧道之父

郭亮村位于太行绝壁之上，天气好的时候，几十公里外都能看到那一带太行山直上直下的影子，花岗片麻岩、砂页岩和石灰岩经过千百万年的风化侵蚀，更形成了千姿百态的峻岭。

郭亮村原为当地一个贫困的村子，为让乡亲们能走下山，1972 年在村支书的带领下全村人卖掉山羊、山药，集资购买钢锤、钢錾，由 13 位村民在无电力、无机械的状况下全凭手力，历时 5 年，在绝壁中凿出一条高 5 米、宽 4 米，全长 1200 余米的石洞——郭亮洞，也就是万仙山绝壁长廊。郭亮洞是在 110 米高、1250 米长的绝壁横面上，以 25 度斜面凿出的，是郭亮村人的用生命和热血让天堑变成了通途。当时，郭亮村投资 8 万元，2001 年又投资 40 万元进行了扩修。

郭亮村隧道

第四章

原始的氏族村落

中国的氏族村落一般都在少数民族地区，主要是以母系氏族为纽带形成的古村落。这些古村落与现代文明接触有限，基本保持着原始的风貌，具有一定的神秘性与落后性，但这些原始的氏族村落却是研究和探索人类发展的活的模板。

第一节 横断山最后的母系民族——四川木里利加则

在横断山脉的密林深处，散落地分布着许多古老而又神秘的村落，由于特殊的地理环境及长期的与世隔绝，很少有人到达此地。因此，一些人类古老的习俗，在这里能够得到完整的保留和延续。关于这些藏在大山和密林深处的神秘古村寨，有许许多多离奇的传说和怪诞的演绎，奇特的民俗、淳朴的民风和慑人魂魄的风光，让很多外面的人都渴望走近它们。其中被重重大山包围着的利加则，就是这样一个村落。

密林深处女儿国

利加则是一个以农牧业为生的村落。相传在大约 13 世纪时，成吉思汗的孙子忽必烈出兵川滇黔一带，大批部队从四面八方会集到利加则。这些远道而来的蒙古兵发现这里像自己家一样的熟悉、亲切，所以就把这里称为利加则。“利加则”在蒙古语里有“家门口”的意思。

利加则位于四川省木里县境内，地处北纬 25 度、东经 100 度附近，属于川滇交界的横断山区，背靠青藏高原，面向云贵高原。利加则地势险要，四周群山环绕，平均海拔 3000 米；中间是低平开阔的平坝，呈椭圆形状，直径不足 1 千米。利加则年平均气温 11.5℃，属于高山垂直性气候，当地素有“一山有四季，一村不同天”的说法。全年雨量充沛，除 3 ~ 5 月为旱季外，其余都为雨季。10 月份以后，大雪封山，行人难以进出。

利加则的家庭是典型的母权婚姻制。成年男子在母亲家的四合木屋里设有专属于自己的房间；而每一个达到走婚年龄的女孩子，则都有自己单独的

闺房。利加则人男不婚、女不嫁，不管男女一辈子都各自生活在自己的母亲家里。男子晚上偷偷地到自己喜欢的女人家过夜，天亮前再悄悄地溜回家。这种母系氏族村落的生活状态和生活方式以及他们所处的生活环境，向我们全面展示了一个古老的母系氏族文化的延续和传承。

母亲是整个利加则人大家庭的至尊和灵魂，母亲说出的话，全家人都要听从，违背母亲的意愿是最大的不敬，而对母亲怎么样尊崇都不为过。母亲往往会从自己众多的女儿里物色一个最能干、最善良的女儿来接自己的班，等到自己老了的时候就由这个女儿来接替她掌管这个大家庭的所有事务。

利加则母系家庭中的成年男子一般以舅舅的身份和名义进行各种活动。他们会尽力协助女主人的工作，同时参与全家的劳动生产活动，共同维系这个母系大家庭。由于共同的生活和劳作，他们与姐妹的子女之间的关系甚至比孩子与其生父的关系更为密切和特殊。

利加则母系家庭里实行财产公有制，家庭每个成员都把自己得到的财物上交到大家庭里，或者交给家长，而不允许私自留下。别人赠送的小物品可以自己留用，但不少人也会分给家里的其他人共享，大的、贵重的物品则必须交给家庭掌财者。一般家庭成员身上都没有现金，人们对钱的概念也很模糊。家里的财产按母系血缘继承。由此可见，在利加则母系大家庭内，实行的仍然是一种原始共产主义，人人各尽所能，人人按需所取，一切财物平均享用。

利加则

通往利加则的道路极其不便，没有任何现代交通工具，只有一条茶马古道。茶马古道，就像一条蜿蜒虬曲的藤蔓，翻山越岭，穿江过河，一路上串联起许多和它一样古老的村落。

利加则是现存的一个极为罕见的母系大家庭群落，这里所有家庭都是由直接血缘关系组成的纯粹的母系氏族家庭。家族成员一般保持在30人左右。家族中的所有成员都是同一个血缘中的亲人，一般男人负责耕地、放牧、盖房，女人负责砍柴、做饭、照看孩子、喂养牲畜。家里的所有事情，都由家中的女主人掌管。

女儿国的生活

利加则是一个民风淳朴的原始村落，在这里所有的人生活得都相当平静与知足，人与人之间是友善而平和的。据说在这个地方锁都只是一种装饰品，没有什么实际用途，这里夜不闭户，路不拾遗，人们从来不觉得有东西需要锁。在这里，有些家庭会把锁这样的东西作为传家宝一代代地传承下去，一般都是由老祖母传给妈妈，妈妈又传给女儿。女儿在接过母亲的传家宝的同时，也就接过了操持家里所有事务的担子。在一般的大家庭里，女主人既要负责全家人的衣食住行，还要管好家庭财物、化解家庭矛盾，还得让家庭所有成员各尽所能，家里的财物人人都能得到平均享用。

一般家庭中，女主人永远是家里起得最早的人。她们会在黑暗的老木屋里，将正房打扫干净，然后把火塘点燃。在洗完脸后，女主人会将松叶撒在火塘里，火塘里发出一阵噼噼啪啪的响声，木屋里立刻充满了松油的清香。然后女主人做好早饭等待出去走婚的男人，家里的女人们也会送走自己的情人。然后一家人围在火塘边吃早饭。吃过早饭，家中的女主人就会开始安排家庭成员一天的劳作，就这样利加则紧张而丰富的新一天就开始了。

利加则地区的人都有自己的宗教信仰，那里有被称为达巴的宗教人员，成为达巴的人一般都是从小就开始跟着老师念达巴经书。达巴一般掌握着利加则的历史、文化、哲学、地理、天文、医学，以及部族世系祖谱、迁徙路线等。家庭中，凡逢年过节、婚嫁丧葬、为死者灵魂归宗引路及成丁礼等各种祭庆礼仪，均由达巴主持举行。不做法事的时候，达巴与普通的村民没有什么特别的地方，穿的衣服和普通人一样，也要和其他人一样参加各种劳动。达巴也有走婚的情人，他们白天大都装作不认识，晚上才在一起。

不过每当在村里祭山神、水神，或者有人病了请达巴去念经的时候，达巴便会换上达巴特殊的衣裳。村里若有人家刚刚生下个孩子，孩子的家人就

会来请达巴去给孩子取名字。达巴便换上白色的大褂，戴上绘着彩色图案的头饰，然后带上所有的法器，还有经书，跟着孩子的家人去。取名仪式上，达巴坐在火塘边念经，生孩子人家的女主人将已煮好的米饭揉成锥形饭堆，放在一个大盘子的中央，在上面插上五双筷子（象征着高山和青松），周围放上煮熟的鸡、蛋、猪膘肉，再烧上一炷香，一起供奉在念经的达巴面前，来祭祀神灵和祖先。女主人抱着刚出生的孩子双手合十跪着面向达巴，达巴就一边念经一边用经书轻叩孩子的头。达巴念经的内容是在向神祈祷。念完经他叫三声为孩子所取的名字，并在小孩额上抹上一点酥油，祝福孩子长命百岁，吉祥如意。女主人祭祀过家庭所有祖先后，又用燃烧的香柏叶熏一遍祭品，然后走出房屋，将祭品抛向屋顶，让乌鸦来啄食。在给孩子举行完取名仪式后，孩子的家人会送给达巴礼物。在村里给达巴的礼物多少没有规定，全凭请达巴人家的喜好和经济能力而定，给多给少达巴也全不计较。

相传，达巴之名来源于开教祖师。达巴在形态上基本上还保持着原始部落宗教的特征，它没有系统的教义和经书，只有几十部（回）口诵经；另有一种占卜经（俗称“算日子书”），是用32个不同形体的原始图画文字书写的。达巴口诵经主要通过师徒间口耳传承。达巴没有专门的寺庙，也没有任何统一的组织。达巴在帮人诵经做法事时，不分贵贱，也不会计较报酬多少。达巴崇拜的神大都是各种植物与自然现象的化身，包括日月星辰、风雨雷电、山河草木及各种动物等。达巴特别崇拜山神及泉水神，其口诵经中有很大部分是赞颂山神及泉水神的。

知识链接

利加则人的葬礼

利加则人对生命极为尊崇，人死之后，遗体要放在正房里，表示其还与家人在一起。遗体放在家里的时间较长，具体停放多久，要由喇嘛算定（利加则人既信奉达巴，也信奉藏传佛教，现在藏传佛教的地位比达巴还高。

为了防止遗体腐烂，利加则人的祖先发明了挖坑藏尸的防腐方法，即在正房的角落挖一个深坑，坑里放一个篮子，遗体放进篮子里，上面用东西盖上。放遗体的篮子是自己编织的，只能用一次，用后要随遗体一同烧掉。遗体停放在家里期间，为了表现对死者的深深哀悼，还有许多习俗禁忌。比如，家人虽然可以照旧外出劳动，但是不能洗头、洗澡；要把头发编成一根盘在脑后垂下，还要用发绳扎住；这期间不能走婚，不能换衣服，不能吃肉，不能杀鸡，不能杀牲畜，不能吃米饭。利加则人用这些行为来表示对死者的崇敬及孝道。火葬前，将遗体从篮子中取出，放进自制的棺材里，由壮汉抬去上山。棺材是方形的，在棺材上面盖土，放上各种供品，以及食品、衣服、鞋子、腰带等。火葬前一天，全村人会送来包子、大米、钱、烟、酒，每户一份，可以每样都送，也可以只送其中的一部分。死者的远亲近邻都会在火葬前一天天黑前赶来，但是火葬前一天的晚上就不准再有人来。火葬用的木柴是全村人帮忙砍的松树。用树干搭成死者活着时住的房子的样子，将棺材放进去后，点火焚烧。点火前几分钟，家人一起大哭，然后被村里人架走。点火后，村里的其他人也先后离开火葬地点，只留下喇嘛在这里念经。葬礼请来的喇嘛，要奉上适当的费用：第一位主持喇嘛，需要送一匹骡子，第二位喇嘛送一匹马，第三位喇嘛送一头牛，其他喇嘛每人200元。究竟要请多少喇嘛，视每家的财力而定，一般是20位左右。这笔不菲的开支，对普通利加则人来说是一个很大的负担。但为了让死者的灵魂安息，只要能负担得起，家里人总会请很多的喇嘛。遗体火化后，家人会从遗体中取出死者遗骨，埋葬在墓地里。一段时间后，坟墓就会与周围的野草、泥土融为一体，看不出任何痕迹了。

利加则人在墓地插上彩色丧旗，旗上满是由达巴写就的密密麻麻的经文。彩旗在山坡上迎风飘扬，昭示着死者灵魂的飞升。

第二节
世界最大的苗族聚居村寨
——贵州雷山西江千户苗寨

西江千户苗寨，位于黔东南苗族侗族自治州县东北部的雷公山麓，距离县城36公里，距离黔东南州州府凯里35公里，距离贵阳市约260公里。由10余个依山而建的自然村寨相连成片，是目前中国乃至全世界最大的苗族聚居村寨。西江有远近闻名的银匠村，苗族银饰全为手工制作，其工艺具有极高水平。西江是一个保存苗族“原始生态”文化完整的地方，是领略和认识中国苗族漫长历史与发展的首选之地。西江牯藏节、苗年闻名四海，西江千户苗寨，就像一座露天博物馆、一部苗族发展的史诗，供人们观赏和品读。

苗家古寨的传奇

西江地区的苗寨在清朝咸丰年间（1729年）有600多户，到了1964年第二次人口普查时为1040户，1990年第四次人口普查增至1227户，1997年为1115户。据2005年的统计，西江千户苗寨现共有住户1288户，人口近6000人，其中苗族人口占99.5%。西江千户苗寨所在地地形为典型的河流谷地，清澈见底的白水河穿寨而过，苗寨的主体位于河流东北侧的河谷坡地上。千百年来，勤劳勇敢的苗族同胞在这里日出而作，日落而归，在苗寨上游地区开辟出了大片的梯田，构筑了浓郁的农耕文化与优美的田园风光。由于受耕地资源的限制，生活在这里的苗族居民充分利用这里的地形特点，在半山建造了独具特色的吊脚楼，上千户吊脚楼随着地形的起伏变化，层峦叠嶂，鳞次栉比，蔚为壮观。这里的苗族居民根据自己的信仰和习俗，在每个村寨的坡头都种植了成片的枫树林作为护寨树，这也成为当地重要的自然景观之一。

西江苗族是黔东南苗族的重要组成部分，现主要居住的是苗族的“西”氏族。作为全世界最大的苗寨，西江千户苗寨拥有深厚的苗族文化积淀，这里的苗族建筑、服饰、银饰、语言、饮食、传统习俗不但典型，而且保存较好。西江苗族过去穿长袍，包头巾头帕，颜色都是黑色的，故称“黑苗”，也称“长裙苗”。西江苗族的语言属于汉藏语系苗瑶语族苗语支中部方言的北部次方言，这里现使用的文字是通用的汉语言文字，尽管汉语言是西江苗族与外界交流的必备语言工具，但苗族人之间的交流仍然使用苗语。

在清雍正以前，这里的地方事务多由自然领袖管理，与汉族地区有显著差别，实行自主管理内部事务。西江苗族的自然领袖主要包括方老、寨老、族老、理老、榔头、鼓藏头、活路头等，不同性质的自然领袖其职责也不同，相互之间具有分工协作的性质，共同维护苗寨的安全与利益。方老是自然地方的最高领袖，每个自然地方下辖若干相互有密切联系的村寨，寨老是每个苗寨的最高领袖，族老则是某一家族的领袖，理老一般由德高望重、学识丰富的人担任，主要负责民间纠纷的调解、裁断，榔头主要负责刑罚，维持地方治安，鼓藏头负责召集和主持祭祀、祭祖活动，活路头则主持安排农业生

千户苗寨

产。其中，鼓藏头和活路头是世袭的，而其他自然领袖一般是群众选举出来的。议榔是苗族社会为了维护地方治安和社会秩序，由方老、寨老、榔头等组织的群众议事会，以对内部的各种重要纠纷和外敌入侵进行商议、决断。议榔大会一般每年举行一次，如果社会安定，无争无议，也可两三年举行一次，遇外敌来犯时则临时召开。西江的议榔一般是分头在各寨子的风景林中举行。清政府在苗疆实施“改土归流”后，西江苗寨接受中央政府的管辖，方老、寨老等自然领袖已基本不存在了，但负责祭祀和生产的鼓藏头与活路头仍得以世袭保留。

长期以来，农业一直在西江千户苗寨产业结构中占据着绝对的优势地位。刀耕火种的农业生产方式虽能养活生活在这里的数千人口，人们过着自给自足的生活，但社会经济发展速度十分缓慢。

1982 年，西江被贵州省人民政府列为贵州东线民族风情旅游景点，1992 年被列为省级文物保护单位，2004 年被列为贵州省首期村镇保护和建设项目五个重点民族村镇之一，2005 年 11 月“中国民族博物馆西江千户苗寨馆”在此挂牌。西江千户苗寨的旅游知名度不断提高，前来观光旅游的游客日益增多。近年来，随着旅游业的兴起，西江千户苗寨的后发优势开始显现，为社会经济的发展和产业结构调整、升级带来了新的契机。西江的苗族是以西氏族为主的多支苗族经过多次迁徙融合后形成的统一体。

苗寨的千年史话

距今 5000 多年以前，生活在黄河中下游平原地区的九黎集团在向北扩张的过程中，与东进和南下的炎帝、黄帝部落发生了剧烈的武力冲突，经过长时间的征战，以蚩尤为首的九黎集团在涿鹿地区被击败，蚩尤被黄帝擒杀。大部分苗族先民被迫开始第一次大迁徙，放弃了黄河中下游地区而退回到长江中下游平原，并于洞庭湖和鄱阳湖之滨建立了“三苗国”。随着三苗部落的日渐强大，尧、舜多次对“三苗”进行征剿。舜帝即位后，“南巡狩猎”，对不服舜帝管制的“三苗”进一步攻掠，苗族先民再次被迫向西南和西北地区迁徙。其中被迫向西北迁徙的这支苗族先民一部分融合于“羌人”，成为西羌的先民，一部分则因人口增多、耕地少而向平原地区迁徙，从青海往南到四川南部、云南东部、贵州西部，有的更向南、向西深入老挝、越南等地。而

往西南迁徙的苗族先民则与楚人和睦相处，成为后来“楚蛮”的主要成员。春秋战国时期，雷山属牂牁国与且兰国之边地，战国时属大夜郎国，秦时属象郡且兰县边境，西汉时处且兰、毋敛两县之间，东汉时属毋敛县，三国属蜀国之牂牁郡辖之边地，魏晋时期属牂牁郡宾化县境，唐朝时属于罗恭县，五代至宋朝属夔州路绍庆府羁縻州，元初属管外苗族地区，元朝中期属湖广省播州宣慰司，明属管外苗族地区。从秦汉到元、明、清初，朝廷的设置虽有涉及，但郡县制、羁縻州对这一地区的统治极弱，甚至没有直接治理，在历史上多被称为“蛮荒之地”“生苗”“生界”等。战国时期，秦灭楚以后，一部分苗族背井离乡，长途跋涉西迁，进入武陵山区的五溪一带，成为历史上著名的“武陵蛮”。到西汉时期，这部分苗族先民在这里较快地发展起来，形成了与汉王朝相抗衡的一股势力。

公元47年，汉王朝派出军队征剿“武陵蛮”，迫使苗族人民再次背井离乡，一部分进入黔东北地区（今铜仁一带），一部分则南下广西融水，后又溯都柳江而上到达今天的榕江、雷山、台江、施秉等地。苗族在历史上的数次大迁徙中，陆续分化出了许多不同的分支。其中，柳氏族、西氏族、尤氏族、苟氏族等几乎是同时到达贵州榕江。由于西氏族在榕江多处辗转，到达西江的时间要晚于柳氏族。西氏族到达西江的年代约在600多年以前，但在西氏族到达以前，这里已经居住着苗族赏氏族。西江地名中的“西”指西氏族，“江”通“讨”，即西江是“西”氏族向“赏”氏族讨来的地方，“西江”因此而得名。西氏族到达西江并定居下来以后，陆续又有其他苗族分支迁来，形成以“西”氏族为主体的苗族融合体。传说西江已有千年以上的历史，西江苗族和苗族先祖蚩尤之间有着密切的关系。根据《林荫记》中记录的西江苗族子连父名的世系谱可知，从蚩尤到1732年间共有284代，说明生活在西江的苗族是蚩尤的直系后裔。清乾隆年间，清政府为了管理苗疆地区，对苗族人实行编户定籍制度，强行取消了苗族子连父名的传统，用苗名的谐音来确定汉姓，目前西江境内苗族的蒋、唐、侯、杨、董、宋、顾、龙、陆、李、梁、毛、陈、金、吴等姓氏就是由此而来的。

雍正七年（1729年），贵州巡抚张广泗开辟苗疆，设“新疆六厅”，置丹江厅，下辖丹江卫和凯里卫，西江属丹江卫。乾隆三年（1738年），丹江卫设置了分土司，包括黄茅岭司、鸡讲司、乌叠司，鸡讲司就位于现西江西南附近的营上村，从此西江才被列入中原政权的治理范围。1914年，

丹江改厅称县，西江属其辖内。1945 年，丹江撤县，西江改归台江县管辖。1944 年，置雷山设置局，西江复归雷山管辖，改为西江镇。1950 年，雷山设立县人民政府，西江属于第二区公所。1954 年，建立雷山县苗族自治区，西江千户苗寨所在地属西江区，1959 年，雷山、炉山、丹寨、麻江并入凯里大县，西江属于凯里县的雷山片。1961 年，恢复雷山县，建丹江、西江、大塘、永乐 4 区、44 个公社，千户苗寨当时属于西江区西江镇。1992 年，撤区并乡后，千户苗寨属于西江镇管辖至今。西江千户苗寨是典型的山区农业村寨，虽然近年来不少村民外出务工或就地从事旅游接待，但绝大多数居民主要的经济来源仍然是农业生产，依然沿袭着小农经济的生产方式。苗寨上游的大片耕地是全寨居民主要的生活来源，主要种植水稻、玉米、土豆、红薯以及辣椒等。

苗寨古风情

西江千户苗寨所在地为一断层谷地，清澈见底的白水河在谷底蜿蜒穿寨而过。谷地两侧山地并不对称，相对高度达数百米。西南侧山高坡陡，宛若一道高大的屏风，护卫着千户苗寨千百年来宁静的田园生活；东北侧的山地则舒缓得多，鳞次栉比的吊脚楼依山而建，顺着地势的起伏呈现出多样的变化。苗寨东南侧，是白水河长期侧向侵蚀塑造成的一个山间盆地，盆地虽然不大，却是西江苗族同胞世代耕作、赖以为生的地方，盆地底部是成片的水田，北面山地已被开垦为梯田和旱地。

苗寨

西江千户苗寨四周的山地上，森林植被保存较好，尤其是苗寨西南部的山坡上，尚保留着大片的乔木林。苗寨内的也东、羊排、南桂等自然村寨内零星分布着小片的枫树林，呈现

出苗族居民和自然和谐共处的景象。相对封闭的地形条件、和谐安宁的苗寨、清澈诱人的白水河、茂盛的植被覆盖、成片的梯田景观，构成了一幅优美的苗岭山水田园风光，极具旅游美学和开发价值。

西江千户苗寨的苗族建筑以木质的吊脚楼为主。吊脚楼为穿斗式歇山顶结构，分平地吊脚楼和斜坡吊脚楼两大类。一般为三层的四榀（一个房架称一榀）三间或五榀四间结构，底层用于存放生产工具、关养家禽与牲畜、储存肥料或用作厕所；第二层用作客厅、堂屋、卧室和厨房；第三层主要用于存放谷物、饲料等生产、生活资料。在堂屋外侧还建有样式独特的“美人靠”，苗语称“阶息”，主要用于乘凉、观景和休息，是苗族建筑的一大特色。

西江千户苗寨吊脚楼不但造型美观实用，而且还表现出很高的科学文化价值。西江苗族吊脚楼源于上古居民的南方干栏式建筑，是中华上古居民建筑的活化石。这种建筑已有数千年的历史，距今7000年的浙江余姚河姆渡遗址的干栏式建筑已达到了较高的水平。苗族最早的文明发源于长江中下游一带，西江苗族就是传承了这种古老的建筑风格。2005年，西江千户苗寨吊脚楼被列入首批国家级非物质文化遗产名录。西江吊脚楼结构严谨，建筑工匠巧妙运用力学原理，运用长方形、三角形、菱形等多重结构的组合，柱柱相连，枋枋相接，构成了三维空间的网络体系。这种建筑看似上实下虚，但牢实坚固，非常实用，在建筑学方面具有较高的价值。一栋栋的吊脚楼沿山坡依次第上，上千栋吊脚楼相连成片，形成一个整体的环形，形成了单个吊脚楼所不具备的视觉效果。吊脚楼群与周围的青山绿水和田园风光融为一体，和谐统一，相得益彰，使得西江吊脚楼具有很高的美学价值。西江苗族将吊脚楼建在斜坡上，将农业生产条件较好的平地用于耕作，反映了苗族居民珍惜土地、节约用地的民族心理。西江苗族在建房时，对发墨、中柱、正梁有一套讲究和禁忌，特别是上梁的祝词和立房歌，具有浓厚的苗族宗教文化色彩。因此，苗族的吊脚楼不但具有较好的美学和建筑学价值，而且还是苗族传统文化重要的承载者。

知识链接

苗寨风雨桥

风雨桥也是西江千户苗寨的重要建筑之一。出于改善村寨风水条件和方便居民生活考虑，多数苗寨都在自己村寨附近建有风雨桥，以关风蓄气和挡风遮雨。西江以前有风雨木桥，主要有平寨通往欧嘎的平寨风雨桥和南桂村关锁整个西江大寨风水的南寿风雨桥。由于是木质结构，几经修复又被洪水冲毁。现在西江唯一的风雨桥是连接大寨和西江中学的弓形水泥桥，是在过去风雨桥的基础上恢复重建的，由于采用水泥和木材的混合结构，使得风雨桥的坚实性和抵御洪水的能力大大增加。

第三节 似水情怀——云南澜沧江水寨

中国云南省澜沧江下游河湾里的水寨，是一处对都市人充满诱惑的自然生态村庄，它们或许也是中国最后的水寨。每逢星期六、星期天，是水寨的集市，居住在若干河湾里的人们驾驶着小船，聚集到水寨来，进行交易。几百只船在水上漂荡，都是手工制造的小木船，人们一边用手摇动着木桨，一边忙碌地交易、开心地叫喊，亲切闲聊的活生生的喧闹，但绝对没有现代城市的噪声。

原始的水寨人

在这里的交易并不是现代意义的集市买卖，交易的成功与否全看话题是否投机，在这里或买或卖，讨价还价的全过程始终贯穿在很人情味的家长里短中，说着说着就顾不上货物的贵贱与价钱的合理，卖方硬逼着将货物白送给买方的情景时有发生。但得了便宜的一方一定记挂着对方，下周的集市上，他们会从家中带些自制的米酒和食品，特意来送给上次和自己交易过的人，这样双方就成了你来我往的朋友。在商品经济发达的今天，水寨人仍然以物易物、以劳力易劳力的生活和经济方式，不知道该说是落后还是幸运。

澜沧江源远流长，风光优美、景色秀丽，沿岸有白雪皑皑的高山，绿草如茵的平川，溪流涓涓的清泉，一望无际的原始森林，波涛汹涌的激流险滩；澜沧江发源于中国青藏高原，流经云南省，贯穿迪庆、怒江、丽江、大理、保山、临沧、思茅、西双版纳八个地、州、市，最后经澜沧县的水寨出境。

传说澜沧江下游水寨是长江与黄河的“小妹妹”，这位“小妹妹”生就硕长脖子，被称作水寨长颈族。一天，“小妹妹”嫁到了海外，还取了个婆家的名字叫湄公河。

虽说嫁出去的姑娘，泼出去的水，可这位多情的长颈少女情系大河上下，沿途施舍嫁妆，建起一座座水寨，云南澜沧江边的水寨自然就成了连接中国与东南亚各国的天然纽带。

澜沧江水寨

河湾水寨上下，众多少数民族杂居生息，友好往来。时常是对岸国家的鸭子游到这边的国家下一窝蛋，而上游国家的瓜藤也会爬到下游国家来结个瓜。每当暮霭降临，月上竹梢时，这边的小伙唱起情歌，那边的姑娘就会悄悄走过来，一段跨国情缘或许就此开始。

水寨人遵守不偷、不骗、不抢、不打、不骂、不闹，和

睦相处、尊老爱幼、热情好客、给人方便、互帮互爱、廉洁清白、诚实善良等做人道德，把热爱劳动、热爱自然、保护生态作为重要的生命品质。

所以，诸如“塔皇”、金丝猴等一些世界上濒临灭绝的植物和动物，在水寨河岸的山坡上随处可见。水寨人遇到什么争端、纠纷，就由族长或者年长者仲裁、公断。只是，水寨从未发生过什么凶杀、抢劫之类的案子，所以也就没什么特别的案子要断处。

水寨人的习俗

水寨人按照传统的宗教习俗，男子都应出家为僧。水寨人认为只有这样才算有教化。谁不出家为僧，谁就是“岩里”——生人。生人即没有教化的人，是被人瞧不起的。

水寨人信的是佛教中的南传上座部佛教，亦称小乘佛教。和傣族传统一样，水寨男孩长到七八岁时，便被送入佛寺初学教规教义、学习傣文字母，接受出家前的教育，请师父主持出家仪式，披上黄色袈裟正式受戒，削发为僧。他们在佛寺内既认字学习傣文，又念经学习佛教经典。以后又随着年龄和所掌握的经文程度晋升为大和尚、二佛爷、大佛爷……但大多数人在学成后，征得族长同意再还俗回家。

远古的冰河时期导致很多生物灭绝或迁徙，而云南澜沧江河谷的水寨从古至今一直处于“无冰”状态。

在水寨河谷，皮划舟、皮囊、溜索等原始方式是水寨人渡江过河的便捷通道和征服江河的工具。他们只需要将一条粗大的缆绳甩到江的另一端，用挂钩钩住对岸的岩石或树枝，就能抓着这根吊绳悬空过江。而更普通的过江办法则是每人在身上绑一个牛皮气囊，作为浮漂游过江去。

每年 2 月至 10 月，水寨河岸山坡上上百种高山杜鹃争相怒放。因高原紫外线较强，山花格外艳丽，把河岸装点得五彩缤纷。每遇天空晴朗的日子，夜幕降临后岸边便燃起篝火，响起天籁般悠扬的歌声，人们围着篝火跳起优美的锅庄、弦子舞直至天明，那情那景，让人们仿佛回到原始宗教的起点，一切都超越了熟知的平常。水寨人并非只懂得吃穿谋生、传宗接代，亦有丰富的精神生活。

水寨人的祖先是传说中的濮人。早在公元前 8 世纪，楚武王向濮人地区

扩展，濮人人口和文化重心移到了西南地区，澜沧江流域就成为主要聚居地。当濮人游迁到澜沧江下游水寨时，就永久居住下来。在大江冲击出来的河湾处，找到了理想生息之地。

水寨两岸不仅仅是中国各少数民族生存的居所，更是邻国各族人精神的家园。不同民族的憧憬、企盼与祈愿在这里聚合，形成了宗教的大熔炉。

知识链接

云南红河州郑营村

郑营村内的宗祠、楼阁、学校和典型的民居建筑，集宝塔古刹的巍峨壮观、宫殿寺庙的气宇轩昂、楼阁亭台的玲珑别致、古典园林的幽静淡雅于一体，形成了别具一格的历史文化特色风貌，有“云南第一村”的美誉。

郑营村坐落于石屏县城西南10公里处，西向秀山，北向赤瑞湖，山水秀丽，风光优美。随着明初年间一位浙江籍的郑姓落籍赤瑞湖畔后，原名“普胜村”的村子便成为了郑氏家族的繁衍地，并改名为“郑营”。明朝后期演变成了一个多姓氏聚居的大村落，现村内主要有郑姓、武姓、陈姓、李姓，各姓自立宗祠。

郑营有着“耕读家风”的沉淀，“绿水长流”的底蕴。郑营人来自杏花烟雨的江南，把那里浓厚的文化气息播撒在滇南赤瑞湖畔，小桥流水人家，营造着对遥远故乡的记忆。祠堂、书院、庭院、街巷，处处透着江南的婉约与细腻，而在郑营人的精神世界里，也铭刻着“万般皆下品，唯有读书高”的烙印。在村内的三街九巷中，不经意地一瞥，进士宅、司马第、翰林居就跃然眼前。正如民谣所说：“五步三进士，对门两翰林。举人满街走，秀才家家有。”如今，街道是石板铺成的青石路面，民房多是坐南朝北，保持着地方特色的大四合院。

郑营村目前居民有汉、彝、傣、哈尼等民族，以汉族人为主。村内流行有汉、彝、傣、哈尼各族的传统节日。

第五章

原汁原味的桃源古村落

被称为桃花源的古村落，一定是有着极致美景的村落，也一定是民风淳朴、回归自然的村落。这样的古村落在中国的西南地区有很多，直到今天，那些古村落还保持着自己原汁原味的生活，不被外界侵扰。

第一节 群山中的古村落——云南广南坝美

群山环绕中，游人撑着独木舟穿过两个天然的、几公里长的幽暗大水洞后，就会看见一个桃源仙境般的美丽壮寨，那就是坝美。坝美四周的山很大很高，而坝美却很小很低，站在后山看，坝美就像一个小巧、美丽、天然的盆景，又似一颗碧绿的珍珠。

最后的世外桃源

“坝美”，是壮语的音译，原意为“森林中的洞口”。坝美位于云南广南县。距离昆明450公里，这个村子原先不通公路不通电，进出村落要摸着岩壁或蹚水而行。最近几年可能因为游人多了，所以路也通了，电也通了。由于地处偏僻，与世隔绝，村里的人们基本上还沿用着300多年前的耕作方式，种田用的是木犁、木耙，浇田灌溉用的是古老的木质水车，自种棉花自己纺布，碾米磨面用水磨或石磨。没有电时，壮乡人就用沼气来点灯，用木柴烧火做饭。

坝美四面环山，山上树木葱茏，坝里绿树郁郁苍苍。村落中有几棵大榕树，把整个坝美裹成一团油绿。坝美村完好地保留了原始的风俗，如路不拾遗、夜不闭户、睦邻友好等。这些美好的社会风气，保存了中华传统文化的精髓。另外，壮族特有的祭祀、对歌、龙牙歪、踢草球、夜种神田等活动也已成为记录原始的鲜活符号。

进坝美有两条常规的路线，一条是从广西百色—富宁—珠街—广南—法利，另一条是从昆明—丘北—广南—法利，在法利村下车后，沿着田埂走几

百米就到了进入坝美村的出水洞口。出水洞全长 950 米，洞内无电。

从古到今，坝美村几乎仅以一个石灰岩水溶洞与外面的世界保持联系。只要有盐巴吃，坝美人可以拒绝一切与外界的联系。

坝美

穿过出水洞，便是一个秀美而狭长的小坝子（盆地），方圆约两三平方千米。一条篱笆小道曲曲弯弯通向一座古朴的村落，这片世外之地就是坝美村了。

坝美的美

特殊的地理位置，限制了坝美与外界的交流和沟通。至今，这里还保存着自给自足的遗风。在村里，村民建房的砖瓦全是就地取材自己烧制的，只有钢筋、水泥才从外面购买。坝美人至今还没有用上电。1996 年，在八达乡派出所工作的黄彬退休回到家乡后，投入 5000 多元资金，安装了小水轮发电机，并买回一台电视机，坝美人这才看上了电视。黄彬家的小院，成了坝美人了解外部世界的窗口。从电视里，青年们看到了山外世界的精彩，萌生了闯荡外部世界的念头。黄彬的一个孙子就走出大山，到广东等地打工。经过媒体的报道，坝美也正被越来越多的人们认识，到这里旅游、探险的人逐渐多了起来。

坝美声名在外源于其恍若《桃花源记》中的描述：“林尽水源，便得一山，山有小口，仿佛若有光，便舍船从口入。初极狭，才通人，复行数十步，豁然开朗。土地平旷，屋舍俨然，有良田美池桑竹之属。”进入坝美村需要乘船经过幽深的水洞，出得洞来恍若进入另一个空间，屋舍、良田、水车、溪流，没有水泥公路，没有汽车来去，里面的一切与外界硬生生隔绝开来，一如心中的桃花源。

2 月底，坝美正是桃花盛开、油菜花摇摆的时候。如果沿着从水洞延伸出

来的入村小路前行，就会看见一侧是农田，一侧是辟做旅社、客栈的农家。游客认为在这个“与世隔绝”的壮族村子里会看到很多传统的、富有民族特色的“吊脚楼”，走近了才会发觉所有的村舍已经都是砖瓦结构的新房子，应该是为了顺应游客对民族村寨的想象，路边的房子都在砖石结构外面包裹了一层杉木板材，远看着像是通体木质的阁楼。据当地人讲，这里原本是有吊脚楼的，不过渐渐地全部被拆除了。这里以前的吊脚楼楼上住人，楼下养猪喂鸡。被见识过外面世界的村民们认为住着不舒适也不体面，追求更好的生活本无可厚非，但千百年来的传统遗失掉了殊为可惜。

沿着村中的小路会一直走到一个小广场，那里便是村寨的中心，一棵参天的千年古榕树在广场一角，几乎已成了坝美的标志。树干需要四五人才能合抱，裸露的树根盘曲，枝节交错。很多妇女、老人坐在树根上闲聊、做活计，榕树下的悠闲很是让人心向往。

沿着客栈前的小路行不多远就是码头，这一段的行船主要是观赏河两岸的风光。河边遍植水柳，不若垂柳枝的柔软飘逸，水柳的枝叶昂扬向上生长着，树干形态各异，宛若天然形成的根雕。河水呈现出一片翡翠绿的颜色，并不清澈见底，却又晶莹剔透。十几分钟的船程后转乘马车去往下一个码头。两个码头间的距离并不算远，有时间了悠闲地走过去，边走边拍照也会是不错的感受。最后的这一程船通往“汤那洞”，里面设置了五彩的灯光，算是溶洞观赏的景点，也是坝美村的出口。溶洞里人为的灯光红红绿绿，并没有什么特别的感受，反倒是村庄入口处的桃源洞漆黑一片更让人遐想。

在汤那洞上面还有一个唤作“狮子洞”的溶洞，尚未开发，处在很原生态的状态。洞里面没有水，洞口有犬牙交错的石笋向下生长，有如狮子张着大口，狮子洞也是由此而得名。一入洞便是一个天然形成的空旷大厅，里面石笋、石柱、石花形态各异。从洞口向下走，阳光逐渐被阻隔在洞外，里面变得漆黑起来，只能借助昏黄的手电光才能看到保存完好、雪白的钟乳石。据说坝美村里还有大量未开发的喀斯特溶洞。周围的群山山体很多都是中空的，遍布溶洞。坝美村的先人们最早来到这片世外桃源就是住在溶洞里，可以防风避雨，也能躲避野兽的侵袭。

在坝美游玩一定要完全地融入到当地人的生活当中，才能领略这种桃花源地区的生活的美好。当地人一般吃完饭后会抱着水盆去河边洗衣服。穿村而过的驮娘江河水清澈，四季流淌，坝美村的人们洗菜洗衣洗澡都是在这里。

坝美村有147户人家，700多人，不算多的人口没有给环境造成太多的负累，每天洗菜、洗衣，河水依旧清澈。

坝美村里还有个叫作“猴爬崖”的地方，数百米的悬崖寸草不生，常常有成群的猴子在此出没。猴群经常会到庄稼地里偷吃，一有风吹草动，猴王一声呼哨，全体飞檐走壁撤退，但遇到女人和小孩却是不怕的，照旧悠哉地偷食。

知识链接

浙江武义郭洞村

郭洞村约5平方公里的景区内，巷深、屋老、潭静、谷幽、峰奇、岩险，融山水、古树林、古桥亭、古寺院、古城墙等景观于一体，静雅宜人。故古人有诗赞曰：“郭外风光凌北斗，洞中锦绣映南山。”

郭洞村位于距武义县城10公里的群山幽岭之间，郭洞人先祖可溯宋朝宰相何执中。元代至元三年（1337年），其后裔仿珍藏北京白云观的学仙子争道宝图《内经图》营造村庄。砌城墙形成水口，建回龙桥聚气藏风，植村周树木善化环境，规划民居、通道并巧设七星井，形成“山环如郭，幽邃如洞”的绝佳人居环境，故名郭洞。郭洞分郭上、郭下两个行政村，村周双溪汇注，环抱而流，从背面平地出去，远处又有青山相拥，恰应“狮象把门”之说，被誉为“江南第一风水村”。水口城门上的太极图，形象地反映了此地风水奇观。

建于明万历三十七年（1609年）的何氏祠堂，在郭洞20多幢明清古建筑中最为出色，是郭洞家族文化的缩影。建于明天启崇祯年间的新屋里是古民居的代表，三进共30间，8个窗子的木雕图案各不相同。正房窗雕百鸟绕庭和百鸟朝凤，以寓鸟成仙为凤；西厢房雕喜鹊和百兽，配以产仔多的鱼虾，寄托子孙兴旺的愿望。东厢房窗子雕双狮耍球、鲤鱼跳龙门、

松鼠等表示依山水而居。围墙砖雕精美，图案丰富，有山水、人物故事、古钱币等。砌块组合精密，可以说现今不及。水口是郭洞的灵魂所在，从字面上看似乎是溪水汇聚之处，其实是拒外敌于村口的关卡。初建于元朝的回龙桥即石虹桥就坐落在这里，桥栏板上“石虹三驾”四字清晰可见，为单孔半圆拱桥。清康熙六十年（1721 年）村民再建被水冲垮的回龙桥，并在 1754 年复建四柱石亭——攀桂亭于桥上，使桥更坚固秀丽。亭西悬有写着“义乡”二字的匾额，这是清咸丰八年县令宋兰亭赠给英勇剿寇为民除害的郭洞村民的。十里外的石苍岭、北山上的塔和这座回龙桥几乎呈一条直线，可见古人看风水造形势的一番苦心。站在桥上歇息观景，置身于诗情画意的山水风光之中，人也心旷神怡起来。

除上述景点外，郭洞村值得一游的地方还有很多，节孝牌坊、文昌阁、凤池书院、海麟院、宝泉岩、鳌峰塔、古巷道、古水碓等都会为你的古村之旅增添无穷的收获和乐趣。

第二节 明清古村落——安徽泾县查济村

查济村位于安徽省宣城市泾县厚岸乡，是国家 4A 级景区、全国重点文物保护单位、中国历史文化名村。查济村原有 108 座桥梁、108 座祠堂、108 座庙宇。现尚有古代建筑 140 余处，其中桥梁 40 余座，祠堂 30 座，庙宇 4 座。

元代建造的德公厅屋，位于村中水郎巷，三层门楼，厅内前檐较低，檐柱楠木质，粗矮浑圆，柱础为覆盘式，无雕琢。明代建造的涌清堂、进士门，雕刻细腻，结构精致。查济村是目前保存较为完整的古建筑群。

查济的明清遗风

在黄山山脉北部的群山之中，在太平湖北岸，深藏着一个令人称奇的古村落——查济。它的规模之大，在皖南堪称第一，也是中国现存最大的古民居群之一。它破败的沧桑之美，能让人看见中国乡村时代辉煌的历史。查济是泾县一个具有明清风格的古村落，位于泾县、太平、青阳三县交界处，在泾县县城的西南60公里处。从泾县延322省道向西行驶40公里，在包含乡右转行驶12公里，就到了查济。一座座小桥，潺潺的流水，鳞次栉比的古民居，庄严肃穆的祠堂，巍巍耸立的宝塔，飘逸的凉亭，生命力极其旺盛的古树，闲散安逸的村民，一座散发着古朴典雅气息的古村落，以其独特的魅力，一下子攫住了人的心灵。

查济以前一直处于与世隔绝状态，如今，很多人慕名来到这里，享受这里的生活，体会古老的民风，甚至会有外国人选择到这里举行婚礼。

到了查济，让人很容易联想到桃花源。的确，查济的幽静、与世隔绝的环境，深深攫住了许多人的心。“青山横西郭，泉水绕查村。匆匆金陵客，淳朴山乡人。白云游子意，落日故国情。挥手自兹去，复蹈车马尘。”这首由著名画家陈丹青写的旧体诗，契合查济的独特神貌，更表达了当代人的独特心境。

古色古香的明清民居古建筑群就坐落在流水潺潺的查济河两岸，绵延5千米，现存有明代建筑80处、清代建筑109处。几乎所有的明清建筑都是雕梁画栋，翘角飞檐。其中德公厅屋、诵清堂、爱日堂等建筑更是高大宏伟，结构精致。最突出的是德公厅屋，四柱三

古村牌坊

层牌坊式门楼，五朵斗拱屋面，略带翘角分三层覆盖门楼，古朴典雅，雄浑大方。建筑背面以镂雕手法雕出二龙戏珠、丹凤朝阳、鲤鱼跃龙门、狮子滚绣球等吉祥图案，技法娴熟，画面精美。古雕、砖雕、木雕在查济随处可见，门窗栅格的木雕、厅堂柱础的石雕、门楼门框的砖雕，均繁刻精镂，玲珑剔透，画面各异，无论花鸟、禽兽或人物，无不栩栩如生。房屋结构为多进式，有三进，有四进，进间有“四水到堂”式的天井，沿天井二楼廊檐置有“美人靠”。条石砌就墙基，柱基为圆形雕石，墙体青砖，屋上黑瓦。传统的双披屋顶半掩半露，躲在重重叠叠的山墙后面。高出屋顶的山墙既可阻止火势蔓延，又兼具防盗作用。山墙造型丰富，有云形、弓状、阶梯式等，墙头呈翘首向天的马头状。

这些古代民居的外形全是青砖黑瓦，古朴典雅，并非古代查济人没有财力或不具审美意识。明清时期，查济人许多都在外经商，不乏富商巨贾。另外查济文风极盛，查济村周围有四门三塔：钟秀门、平岭门、石门、巴山门，如松塔、青山塔、巴山塔，古朴庄严。这三座塔就是查姓家族为振兴查济文风，于清嘉庆年间出资兴建的。查济人查秉钧、查春如更是清代书画名家。那么，查济人为什么不把住宅装潢得富丽堂皇呢？原来中国封建社会对色彩的使用有着极其严格的等级区分。平民百姓，纵使有万贯家私，也绝不允许在住宅上使用各种金碧辉煌的彩画与装饰。既然住宅只允许用统 一的青砖黑瓦，聪明的查济人便在布局上大做文章，“依山造屋，傍水结村”，民居的分布格局巧妙地运用中国古典园林艺术的借景、对景等手法，形成“门外青山如屋里，东家流水入西邻”的“天人合一”的格局。房屋间有街巷相通，岑河、许河、石河三水归一的查济河逶迤穿村而流，石渠绕每家每户而过。查济河因落差较大，清澈的河水呈阶梯状递次下流，沿河错落有致地建有多道拱石桥、板石桥、洞石桥，将两岸民居相连在一起。饱经沧桑的石桥，藤萝缠绕，远望犹如碧玉横架水上，与两岸青砖黑瓦遥相呼应。据说，查济村原有 108 座桥、108 座庙、108 座祠堂。时至今日，查济村虽历经百年风雨沧桑，不复有往日风采，却仍存有红楼、天申、灵芝等 15 座桥和 10 余座祠堂、庙宇，从其中规模较大的宝公祠、洪公柯、二甲祠中的镏金飞檐、雕梁画栋中，不难想见查济村的昔日风貌。三水村中流，三塔拱四门，石桥跨河溪，两岸古建群。悠远独特的建筑文化，钟灵毓秀的山水意境，孕育了昔日的查济人民。站在这座明清古建筑群面前，人们不由得激发出对源远流长的中华

文化的自豪感，更由衷地赞叹祖先创建这辉煌灿烂的古代文明的勤劳与智慧。

与桃花潭有个约会

查济村庄面积20余平方千米，始建于隋初，兴于宋元，鼎盛于明清，废毁于晚清及近代，至今已有1380余年的历史。查济古称查村，解放后，建乡分村，老查村分为查村、济阳、富春三村，许溪以南为济阳村、以北为查村，前邻石溪的为富春村。因过去村中皆为查姓，查姓郡望为济阳世家，后溪上有富春桥，三村以此命名。现三村已经合并，取两村首字为村名——查济。

查济离桃花潭不足20千米。唐代大诗人李白受查济人查师模（官至中书郎、校书郎）之邀，来到查济的石门碧山游历憩息，一连数日流连忘返。查师模携茶带酒来款待他，他才如梦方醒，随即挥毫写下了"问余何意栖碧山，笑而不答心自闲。桃花流水窅然去，别有天地非人间"的千古佳句。

自唐宋以来，查氏族人就开始建立了一系列的家规、家训及家理。明嘉靖年间，对此又进行了整理，共确立家规10条、家训14条和家理5条。事实上，这些家规、家训和家理就是查济的法律，它们的主要内容是以孝道和祖先崇拜为中心。在查济，除了居住的民居之外，现存的遗迹主要是祠堂和牌坊，它们都深深地打上了氏族时代彰显孝道和祖先崇拜的烙印。

在历史上，中国老百姓最根本的信仰是对于祖先神灵力量的信仰。一个村落，一个家族，必然有它的祠堂，一般一个村落只有一个祠堂，但在查济，祠堂众多，因为该地查姓人群数量非常庞大，据说在极盛的明末清初号称有10万之众，查姓族人从1300余年前开始繁衍生息，支系丛生，一旦某一支系发达了，如中举、进士及第、做官、封诰、发财等，其后人就会建祠堂以光宗耀祖、鞭策后人。

宋末元初的查济人查郁因其人缘好，人口与财产均异常发达，开基立业，大建宗祠、修宗谱，规模宏远。后其曾孙查桂申更为发达，生六子（恩源、图源、宝源、洪源、珍源、粟源），个个发迹。他们的后辈就在明宣德年间各建大祠堂1座，每座均具有自己的特色，有的气势恢宏，豪放粗犷；有的淡雅而富有诗意，精雕细琢；有的见砖不见木；有的见木不见砖。到明末清初时，查济人的仕途生涯进入了鼎盛时期，一门六进士、三门进士、兄弟进士、

文武进士、文武举人一拨接着一拨，翰林、京官、封疆大员、知府、知州、知县等代有辈出。据统计，明清两朝，查济七品以上的官员就达129人。他们发迹后，首先要做的便是衣锦还乡。在一个以宗族制为基础的古代社会里，再也没有比建祠立堂更好的方式更能光宗耀祖了。据说在鼎盛时全村共有祠堂108座，暗合了《水浒传》中一百单八将英雄之数。现在尚存的只有二甲祠、宝公祠、洪公祠等几座了，而且目前的保护状况不容乐观，都面临着坍塌的危险，亟待修缮。

据族谱记载，查姓的老祖先原来姓姬，名叫姬延，在周朝的时候，封于山东济阳查地，到了那里就由姬姓改为查姓了。查姓人氏从其发源地山东，辗转繁衍到安徽，然后又由安徽向江苏发展，并且以江苏泰县为中心逐渐向浙江、江西、云南、广东、福建等地搬迁。到清朝康熙年间，查姓人氏开始从福建迁入台湾安家落户。从家谱上可知，查济村这支查姓人氏，是唐朝时候从山东迁过来的，其始祖是唐朝时兼任宣州、池州两州刺史的查文熙。他也是最早见于史书记载的查姓名人，此后，历代查姓名人辈出。

知识链接

奇葩三雕，交相辉映

在查济，素有“奇葩三雕，交相辉映”之说，三雕就是用在建筑上的木雕、砖雕和石雕。在查济的民居、祠堂、牌坊、桥梁、墓室等建筑上，处处散落着三雕的身影，或优雅，或雄浑，或繁复，姿态各异，美轮美奂。从这里，我们可以看到古人对于生活物件的讲究，建造时的敬业精神，以及对于美的不懈追求。

第三节 优雅之气的楠溪江——浙江永嘉古村落

在耕读文化的和风细雨中孕育出来的楠溪江古村落，保守着独特的优雅之气，在青山和田野的怀抱中令人心醉，几百年的时光仍旧无法冲刷掉它卓尔不群的魅力。在这里，人们会感到自己离纯朴的大自然是如此之近。

岩头、苍坡、枫林，三个古村的地理位置很近，距永嘉县城30公里千米左右，村落的建筑风格也有许多相似之处，不过更吸引人的是它们各自的、细微的独到个性：华美的丽水街如一条金簪，把岩头村装点成一个风情万种的花旦；以文房四宝布局的苍坡村堪比一位俊朗儒雅的小生；而质朴天然的枫林村则是不施粉黛的青衣。

珠环翠绕的岩头村

“水如棋局分街陌，山似屏帏绕画楼”，在楠溪江200多座古村落里，岩头古村是唯一一座以整套水利设施来规划布局的村寨。

岩头村占地18.5公顷，初建于元代延祐年间（1314—1320年），竣工于明代初年。一条两米多宽的水渠环绕全村，从村北引溪水进入西北角形成上花园，然后分成前浚、后浚。前浚向后形成下花园，并分支流经过大半个村子后注入丽水湖。后浚顺村子西部的浚水街南下，在水亭祠西南角汇合从西而来的水渠，注入塔湖庙前的湖里。这个庞大的水利工程是由元代的日新公开始，一直到明代的桂林公扩大并且完成的。清澈的溪水弯弯曲曲地流经农舍的门前屋后，滋润着全村人的生活，同时也是天然的消防设施。

正如一位乡土建筑专家的点评所言，楠溪江的古村落建筑，没有皖南民

岩头村

居的精巧，没有晋中大院的豪华，也没有闽西土楼的壮观，但它们融合了南溪江姑娘的清纯灵秀、农民的朴实坦诚和文人雅士的儒雅散淡，构成了和谐宁静的乡土建筑风格。在楠溪江古村落里，几乎看不到其他地方常见的内向院落式房屋，那些院落式的个体房屋被连续的高墙吞没，失去了独立性，生活场景大多被封闭在院落里。岩头古村的房屋都是用礬石原木建造的，像小型的版画一样古朴简洁。大多数房屋是开敞式的，四面开门开窗，在屋子里和廊前，抬头就可以看见远处的青山和田野。房屋之间的间隔让每栋房子保持了独立的形体和品格，村落也因此显得更为疏朗。整个村子的水系、街巷有条有理，多层级的各种公共建筑物和活动中心分布在各处。

虽说岩头村是楠溪江中游最大的村落，而且有着由元代到明代兴建完成的楠溪江中游最大、最成功的水利工程，但让它真正出了名的，还是村口的丽水街。

丽水街长 300 米是一条沿水而建的弧形廊棚式长堤，原先是明嘉靖年间金氏桂林公建设岩头村水利工程时筑成的一段兼作拦水坝的寨墙，因湖中种植荷花，所以也被当地人称为荷堤。当时地方宗族规定堤上只许种树与建亭，不准筑屋经商。到了清代，这条长堤成了担盐客的必经之路，久而久之，到清末终于发展成为初具规模的商业街。

丽水街街面是两米多宽的鹅卵石铺成的小路，一边是鳞次栉比的店铺，都是两层楼的建筑，每间店阔 3 米，进深 10 米。路的上方是从店铺延伸出来的廊檐，廊檐的外侧设有美人靠，方便游人在此休息与观景。堤外的人工湖就是丽水湖，丽水湖北起献义门，南到丽水桥，西接苇塘，东为长堤。丽水湖与长堤南端呈弧形，微微向西南弯曲。丽水湖的美丽自古有名，“岩头十八胜景”中正是因为此处“萍水碧漾观鱼栏，柳浪翠泛闻莺廊”的美景位列其中。

长廊的最南端是凌驾于丽水湖之上的丽水桥，建造于明嘉靖三十七年（1558 年），是用 48 根条石砌筑的石梁桥，意指岩头村在明朝时为仙居乡第

48 都。桥面分 3 节，每节分别由 12 根条石并排铺筑。桥两端的码墩与中间的两个桥墩全由条石竖立而成，中间高，两端低，略呈弧形，“丽桥观荷”是“金山十景”之一。过丽水桥，左边隔渠是夹在进宦湖和镇南湖之间的琴屿半岛，花木扶疏的琴屿西南端是塔湖庙和庙前的戏台。听说每年正月十四日起都举行庙会，历时 7 天，异常热闹。

庙阁轩塔上的楹联十分有名，简朴隽永的诗句洋溢着乡土文士们的情操智慧以及散淡潇洒的人生态度。在丽水桥北侧的华亭上有一副楹联：“五月秋先到，一年春不归”，写出了此处终年凉风习习、游人如织的盛况。在丽水桥东南的接官亭内有一副楹联写道：“情理三巡酒，理情酒三巡”，因为这里是调节民间纠纷的场所，楹联意在息事宁人，劝人和睦相处。古村就这样处处蕴含着对生活的通达理解和诠释。

诗文相伴的苍坡村

在中国的古村落中可能没有比苍坡更加文质彬彬的村落了。“一等人忠臣孝子，两件事读书耕田”，耕读文化是楠溪江古村落文化中不可或缺的一部分。耕读生活早期作为文人的一种理想，源于儒家“退则独善其身”和道家“复归返自然”的人格结构，在中国传统文化中有着很高的道德价值，意味着高尚、超脱，是古代知识阶层陶情冶性的寄托。特别是以老子、庄子为代表的道家思想，在崇尚自然、追求虚静、逃避现实和向往一种原始自然状态的生活方面，带有更浓厚的浪漫色彩。晋、宋两次人口北南大迁移使不少文化水平很高的仕宦迁居楠溪江流域，他们更期望后代儿孙能够继续“读书入仕，光宗耀祖”。“读可荣身，耕可致富”成为他们的宗族传统，世代相袭。因此，他们在村落规划与建筑中极力追求文人所崇尚的恬静淡雅的品位、浪漫飘逸的风度和朴质无华的气质。苍坡就是其中一个最杰出的例子。

苍坡离岩头不远，远远就能望见牌楼式样的苍坡溪门，也就是村子的大门。门前的人一般都很多，除了往来穿梭的游客，就是土生土长的村民们，大多是老人。

苍坡溪门可是大有讲究的。首先是由三条石砌成的台阶，叫三试阶，取意县（府、院）试、乡试、会试，分别为考秀才、举人、进士，这三试也可以说是封建社会读书人为官的必由之路。可惜现在因为铺水泥路，三试阶被

遮盖了。紧接三试阶的是长20米左右的进士坦，然后跨上七级石砌台阶。据苍坡宗谱记载，第十一世祖李仲因居官清廉、政绩昭著而受皇帝器重，官位连升七级，村人为纪念此事，特地修建了这七级石阶。七级台阶过处，地面上有用石头拼成的宋代一品大员的乌纱帽图形，官帽的上方就是溪门的牌坊了。牌坊始建于南宋淳熙五年（1178年），全由木料构筑而成，以大斗、小斗、托梁、挑檐建造，六层斗拱没有用一枚钉子，屋顶为重檐悬山式结构，显得端庄古朴。

据说李氏祖先是在五代后周显德二年（955年）为躲避闽中的战乱，从福建长溪迁居到永嘉灵山的。他先是被当地周家招为女婿，后来东迁约1千米，也就是现在苍坡所在的位置上自建住宅，逐渐繁衍成为一个村落。现存的苍坡村是南宋国师李时日设计的，他依五行风水说在东方挖了两口池塘，四周开渠引溪水环绕村庄，以水克火。虽历经千年风雨沧桑，但苍坡村仍保留有宋代建筑的寨墙、路道、住宅、亭榭、祠庙、水池以及古柏等。

传统的“耕读思想”在苍坡村的规划和建设中得到了充分体现，最明显的莫过于文房四宝的设计了。李时日在设计村落的布局时设街为笔，正对着村外的笔架山；街边挖有方形的池塘，也就是“砚”；池塘边有巨型石条，是为墨锭；鹅卵石砌筑而成的正方形的村寨就是一张铺展开来的纸。

过溪门往右，在苍翠枝叶掩映下的就是仁济庙。仁济庙面阔5间，三面环水。说是一个庙，其实环境却如园林一般精致清幽。有意思的是，庙中供奉的不是菩萨，也不是本族始祖，而是一个叫作周处的人。据《世说新语》记载，传说周处在年轻时横行乡里，为乡邻们切齿痛恨。后来他改邪归正，为乡里除害，最后战死沙场，成为历代人们教育青年浪子回头的楷模。从庙旁的偏门出去，就是李氏大宗祠。按古代的建筑风俗习惯，祠堂不近庙堂，但是苍坡是个例外。这里是苍坡、方巷两地（苍坡曾有李氏兄弟，在离苍坡不远的地方另建村庄，名为方巷村）宗族聚会、重大族事庆典的地方，凡参加三试“金榜题名”的族人均要披红戴花到此祭拜列祖列宗。在李氏宗祠的牌匾上“氏”字一旁多了一点，据说这不是笔

苍坡村

误，是因为村中还有几个外姓的人家，这一点表示接纳相容外姓人的意思。

在仁济庙的旁边有一座造型别致的小亭子，名叫望兄亭，初建于1128年。站在亭子里往村外的东南方向看，就是苍坡的“同胞村”方巷村了。那里的村头也有一座造型一模一样的亭子，名叫送弟阁。两个亭子隔着阡陌纵横的田野遥遥相望。

传说苍坡李氏第七世祖李秋山和他弟弟李嘉木分家后，兄长迁居对岸的方巷村。兄弟两个感情很好，分家后仍频繁往来，每每促膝长谈到深夜。后来，兄弟俩商定在苍坡村和方巷村各建一座亭阁，分手后，直到对方亭内升起灯笼表示已平安到家，兄弟两个才分别回家安歇。望兄亭十分精致，特别是披檐，曲形的弧度放足，檐角飞翘，十分轻柔。两处亭阁四面开敞，八面来风，遥遥相对，情意绵绵。据说曾经有台湾同胞特地来看这座亭子，一见之下，不禁两泪涟涟，真可谓“双亭隔水频相望，两地同源本弟兄”。

关于这样兄弟友爱的故事在苍坡村中还有很多。例如离望兄亭不远的水月堂也是一座这样的建筑。不同的是水月堂是李氏第八世祖李霞溪为追悼他那抗敌阵亡的兄弟李锦溪而建的。水月堂四面环水，环境清幽雅致，只有一座长两米的小石板桥连接西岸。整个建筑横向三开间，正面有一个小院子，里面有水池和猴山，还有镂空的围墙。镂空围墙起到了“漏景”的作用，据说游客在院子里可以清楚地看到外面的景象，而外面的人却一无所知。

漫步“笔街”，两边的民宅建筑大多有着雕刻精美的院门，砖雕墙缝中长满了枯草。这些民居大多为宋式木建筑，有的是一进二轩，有的是二进三进四合院，中间院落宽敞，晒着谷物和成捆的柴草。民宅外面的巷道和院墙，都用清一色的鹅卵石垒成，在粗糙之中见整齐，在天然之中凸显前人的机巧和智慧。

繁华褪尽的枫林村

枫林村并非是因有枫树而得名，在枫林村并没有枫树。在去过枫林之前，所有人都会认为这里应该遍植枫树，然而到了古村后才很失望地发现，这里竟然找不到一棵枫树。据说古时候村子南面的山坡上全部是丹枫，秋风乍起时，满山遍野一片火红。然而枫林是个军事要冲，数度遭兵戈洗劫，山上的枫树自然也难幸免。晚清监察御史、枫林人徐定超曾写过一首诗：“家住枫林

罕见枫，晚秋闲步夕阳中；此间好景无人识，乌柏经霜满树红。”战火过后，村民们在重建家园时选择种乌柏树代替原先的枫树，因为乌柏既是观赏树，又是经济树。所以，现在枫林村能够看见的基本上都是乌柏树了。唯一能够引起人们对往昔联想的，就只剩“枫林”这个村名了。

枫林村在唐朝时就是永嘉北部山区的木材交易市场，杂居着木姓、柯姓等数十姓人家。枫林村最早规划建设于北宋徽宗崇宁五年（1106 年）。当时徐氏八世祖徐公仪入赘柯姓人家，不久柯家遭遇火灾，家道逐渐衰落，最后只剩下一户人家。但是徐家靠着勤俭持家，广积产业，又逐渐繁衍发展成为一个大家族。明朝洪武年间（1368—1398 年）因人口繁衍，规模扩大，又对村子进行了重新规划，至清已有炊烟千余户，丁壮数千人。

枫林村三面环山，一面临水，古时有瑶亭御风、芳潭钓月、草堂晚霞、板桥夜月、湖西归雁、象岩野渡、东岸渔舟、沙堤红叶、东岭松涛等十景。枫林村布局呈“新月带星”状，民居根据自然地形，呈新月状而建。在村落北侧，金钩形的狮溪在村东头被引入“魁星塘”后，分三条平行水圳由东而贯穿全村。街道有三条，均为东西走向；巷道有十条，均为南北走向。一条鹅卵石砌成的城墙绕住宅一周，设 12 处城墙门为出入口，形成一个宗族自然村落。村内有水塘 7 处，分布在村中和村南的两条水圳上。浦亭街坎下有 7 眼小水塘，呈“一”字形排列。村落内古井、池塘多达 60 处，是为“星”。

走在枫林村的老街上，随处可见历史沧桑的印记。在学前巷 8 号的宅门前，并排挂着两块蓝色的门牌号，一块新的是现在的号码，另一块旧的是繁体字，那是民国时期的遗物。门楣上方暗淡的红色大字写着“劳动光荣”，想来应是 20 世纪七八十年代的产物。宅门对面隔着巷子是一块破旧的照壁，现在被辟为“村务公开栏”。村里保存着数量可观的明清及民国建筑，占现有民居建筑总面积的一半。建筑种类有民居、宗祠、殿宇、亭、古桥、古井等，单体建筑平面有一字形、H 形、口字形、日字形等样式，这些建筑群在 2000 年被列为浙江省第二批历史文化保护区。

枫林村

圣旨门这是一座旌表性的牌

楼，三开间两层阁楼式，歇山顶，下有腰檐，造型精致古朴。匾额上的“圣旨”两字由蛟龙盘绕，门楣上金书“旌表徐尹沛尚义之门”九个大字，是明宪宗为嘉许旌表徐尹沛兄弟友爱而赐建的。徐尹沛是明朝人，母亲死后，他和妻子对父亲照顾周到，还鼓励父亲续弦。父亲去世后，他又悉心照顾继母及其所生育的弟弟，直到弟弟分家自立。徐父去世后留下一缸银子，徐尹沛与弟弟相互谦让。后来乐清发生虫灾，两兄弟干脆把银子捐出赈灾。知县被他们的义举感动，上奏朝廷，宪宗皇帝于是赐匾额予以表彰。牌楼建成后，文官到此落轿，武官到此下马，以示敬意。可惜20世纪70年代这座纪念性的建筑遭到破坏，现在我们看到的是按照原来的样式复建的。

在圣旨门街100号，就是徐定超的故居，被称为勉善堂。徐定超（1845—1918年）是浙南近代政治家、医学家和教育家，清光绪九年（1883年）癸未科进士、京畿道掌印监察御史。徐定超博学多才，文笔娴熟，有深厚的古典文学修养，人称永嘉先生。在楠溪江耕读文化向红色文化转变的关键时期，徐定超起了决定性的作用，他追求民主和科学、务实行政、热爱家乡的思想对后人影响很大。

徐定超故居由于年久失修，破损得比较严重，当年的雕梁画栋已积满了尘土。有一些老人聚在院子里悠闲度日，他们说，徐家的后人现在已经不住在这里了，留在这里的住户对这座故居的历史所知甚少。

“乌衣巷”的花坦村

花坦村是花坦乡乡政府所在地。这里群山环抱，一条清澈的溪流绕村而过，风光秀丽。现在村内尚存有宋、明、清代的民居、祠庙、牌楼、亭阁等古建筑50余处，1997年被列为浙江省第四批文物保护单位。

花坦村始建于五代时期，其始祖朱兴（950—1038年），字诚之，进士出身，福建闽县人，五代时官任永嘉尉。离任后，他因老家福建兵乱返乡不得，即选中风光秀美的花坦筑屋定居，子孙繁衍至今已逾30余世。村里曾出过17名进士、8名举人，明朝初年担任京官或地方官的有7人，故素有楠水“乌衣巷”之称。

花坦村的古民居依山而筑，布局参差错落有致，其中最有名的是花二村的“四面屋”。它的建筑由前后厢廊和厅堂组成，占地达1600平方米。房屋

用穿斗式梁架，间以竹编骨架隔断，外抹泥灰。这种方式即是宋代《营造法式》中记载的“编竹造”。屋面为悬山式，铺蝴蝶小青瓦，举折平缓，出檐深远，造型简洁古朴。“四面屋”现仍住着6户朱姓人家。天井中有一口直径约80厘米的石盆，房主说它是宋代之物，现仍用来洗衣物。

花坦村有4座古宗祠，其中以乌府祠堂为最大。“乌府”又称敦睦祠，建于明正统（1436—1449年）年间，系二进二廊合院，占地600平方米。前厅面阔9间，进深2间，科式梁架，斗拱密叠，悬山式屋面。屋面明间高于次间，次间高于梢间，呈三重檐。祠院中原有一座木质戏台，但已于几十年前塌毁。现在，花坦村的老人活动中心就设在“乌府”内。

牌楼是花坦村古建筑的又一珍品，现存两座均建于明代。那座称作“宪台”的牌楼气宇轩昂，颇有特色。它的平面呈长方形，六柱3楼，高5.95米，宽6.28米，进深5.05米。梁架结构为抬梁式，用砖砌成清水花屋脊，两端饰龙吻兽。据当地人说，“宪台”牌楼原是一座大祠庙的一部分。祠庙于1989年被拆除，建成了乡中心小学，使得“宪台”失去了依托，观赏性大减。

花坦村还有多处古亭，皆别具一格。古亭多为方形，有4柱、8柱或16柱之别，外设靠栏。屋面有单檐歇山顶，重檐歇山顶，双坡悬山顶等多种。在诸多古亭中，以居村中心三条路交汇处的三官亭为最大。它设4内柱、16檐柱，有斗拱、藻井。藻井上绘有彩画，色泽艳丽。亭内还设有神龛。

花坦建村规划严谨，科学合理。它背靠青山，该山脉自西至东，海拔逐渐升高，最高处为永嘉县第六高峰——尼尖峰，海拔681米。该段山峰中下部地势平缓，适宜开辟田地种植作物；上部有悬崖峭壁，坡陡林密，水源涵养丰富。花坦村前临珍溪，溪面宽150米，溪滩为洁白的鹅卵石铺地，溪水流动平缓，清澈见底，游鱼碎石，历历在目。村前自东向西建有围墙，全部为原石砌成。围墙座基约1.5米，高约2.8米，全长约1500米。东西两头及中间共建有门洞4个，当地人称石门洞。石门洞高约4米，宽3.8米，外形呈立体四方形结构，中间为椭圆形门洞。洞内原建有木门，战争时期或者黄昏时候木门关闭。村东西建有10米大道1条，2米小道1条；村南北建有3米小道4条，2米小道3条。大小道路纵横交叉，沿10米大道呈树枝状扩散分别。古时民居全部沿大道内侧沿街沿路布局，沿着大道建有该村最重要的宗祠、牌坊、府第等建筑。

第四节
千碉之国——四川甘孜丹巴古村

丹巴古村是中国最美的乡村，横断山中的千碉之国。在大、小金川和大渡河畔，在高山峻岭中，在宽阔的山坡上，一座座建筑独特、四角向上的藏屋连成一个村寨，深藏在竞放的桃花和梨花丛中，远远看去，就像一座座豪宅别墅，庄严而华丽。

最美古村落

在丹巴境内，深藏着众多造形美观、风貌古朴、鲜为人知的古村落。数千年来，这些古村落一直保持着传统的建筑风格和浓郁的民族特色，尤以甲居、小巴旺、布科、邛山、梭坡、蒲角顶等地最为集中和突出。

丹巴县甲居藏寨

在当地，人们都将其居住的村落称为寨子。这些寨子一般都修建在向阳的坡梁上较为平坦的地方，寨子由几十户甚至上百户人家组成。一幢一幢外形美观、风格统一的寨房依着起伏的山势迤逦而建，高高低低、错落有致地分布在绿树掩映之中，与周围茂密的树林、清澈的溪流、皑皑的雪峰一起构成一幅幅田园牧歌式的优美的乡村画卷。

这些寨房民居均为石木结构，以（角楼）家碉为脊修筑成 3 ~5 层的碉楼式建筑。底屋均

为家畜圈，其上依次为锅庄室、储藏室、居室、经堂及角楼，其中二、三楼分别有天井和露天大阳台。房体的外墙多以白色、褐色与黑色圈涂成条纹，并绘以日、月、星辰和宗教图案，显示出美丽而整洁的外观。房外所立的经幡以及房顶随风飘动的嘛呢旗，更为这些古村落增添了许多神秘的色彩。

在位于大金川河畔的甲居藏寨里，有200多栋外形美观、格调统一的嘉绒藏族传统建筑民居依山就势、错落有致地分布在这里，与周围的高山、林海、流溪、田野、古碉楼相融合，构成了一幅“天人合一”的完美画卷。每当游客们到达这里时，就会有热情的藏民上前接待，带他们登上自家的房顶，这时整个村寨就会尽收眼底。山上云雾缭绕，远处的炊烟袅袅，如入仙境，游客们可以在房顶上换着不同的角度，拍下美不胜收的亮丽风景。热情好客的藏族房东更会捧出酥油茶请贵客们喝。

古碉楼是嘉绒藏族建筑的杰作，距今已有千年的历史。古碉的建筑年代为唐代至清代，规模宏大，类型多样，建筑技艺高超，具有极高的美学、社会学、历史学、民族文化学价值。碉楼主要集中在河谷两岸，尤以梭坡和中路两乡境内的碉楼群最为稠密壮观。古碉保存完整，并与村寨民居相互融合。碉楼外形美观，碉基牢实，一般为四角、六角，甚至十三角的高方柱状体，用泥土和石块建造而成。千百年来，古碉经受了战争和风雨的剥蚀，地震的考验，仍然巍然屹立，有的偏而不倒，有的弯曲为弓，自成一道风景。碉楼的功能很多，传说最初是用来伏魔的，后来碉楼却大多与战事密切相关。丹巴古村的高碉主要分为四种：要隘碉、烽火碉、寨碉和家碉，其中以家碉及寨碉居多。这些碉楼碉门矮小，门板厚实，碉内用木板隔层，有的高达十几二十层，具有易守难攻的特点。

凤凰子民的栖息地

丹巴古称“章谷”，藏语意思是“在岩石上的城镇”。丹巴向来推崇宗教与自然的完美结合，却未曾想到菩萨给予他们富饶的大地，却也让他们经受着一次又一次的磨难。2003年那场震惊世人、一夜毁灭一个村庄的泥石流至今让人唏嘘。如今丹巴民居仍散落各处河谷里、山腰上，汹涌奔腾的大渡河从脚下经过，高耸入天的石山身上留着道道泥石流卷席而下的痕迹。只要一场暴雨，便能使河水泛滥、泥石流奔腾而下，丹巴人却在一次次的灾难中顽

强地生存下来。

丹巴农历的每年三月二十日春意盎然，桃红柳绿，是当地庙会最热闹的日子。这一天女人们的打扮是一年里最华丽的，年满13岁的女孩子则是第一次参加庙会，同时也要参加属于她们的成人礼。据说这些未婚的女孩子们两天前就被家人带到寺庙里的私家经堂进行换装打扮，首先要辫满一头的小辫子，将这几十根的小辫子缠到一根一尺二寸长的木棒上，与头部形成十字形的花样，并用金银线扎紧，前额佩戴各种珍贵的珠宝。这些未婚女子在今后每年的庙会上都要这样打扮，直到结婚。

丹巴不仅有5000年前古人类活动遗址，同时也完整地保留了嘉绒藏族的生活习俗。丹巴县城东北方的墨尔多神山是藏区四大神山之一，自古以来，人们便把墨尔多神山周围纵横千里之地居住的部族称为“嘉莫查瓦绒”。藏语中，“嘉莫”是指“女王”的意思，“查瓦绒”是“河谷”的意思，合起来表示“女王统治的河谷地区”，所以人们大胆地猜测这里所指的女王是传说中那个古老的东女国。

2005年，国内数位史学、藏学专家通过在丹巴县中路乡克格依村的考察，结果一致认定：8世纪末，东女国王室发生内乱，男人篡夺了王权。女王冒着生命危险，带领属下逃离到金川，并在金川人的帮助下恢复了王室。东女国因此在金川复兴，复兴的东女国曾辉煌一时，但很快便消逝在历史的长河中。

据史籍记载，在南北朝至唐代，青藏高原上有两个以女性为中心的女权国家，西部的称西女国，东部的称东女国。藏学专家任新建在其所著的《西域黄金》一书中指出，东女国地域中心就在今四川丹巴一带。在《旧唐书》中还记载着东女国的服饰：“王服青毛绫裙，下领衫，上披青袍，其袖委地，冬则羔裘，饰以纹锦，饰之以金。”其记载与今天丹巴一带妇女装束相似，至今丹巴藏族妇女的服饰不管多么漂亮，多么变化多端，其色彩基调仍以黑色为主，据说这也是延续了东女国的宫廷习俗。在丹巴，男女恋爱所流传下来的习俗，如中路、梭

丹巴

坡乡的“顶毪衫”、革什扎乡的“抢头帕”、巴底乡的“爬墙子”等都是古老的东女国遗风。

11 世纪时，居住在四川西部的拓拔氏北迁建立了西夏王国。拓拔氏是党项的一支，丹巴嘉绒藏族与党项有密切的血缘关系，因此也可以说丹巴嘉绒藏族与西夏族有密切的血缘关系。1227 年成吉思汗灭西夏国后，西夏大批皇亲国戚、后宫妃嫔从甘肃逃亡至丹巴革什扎一带，将高贵的王族血液注入这了一方膏腴之地。

丹巴地区长期流传着“三千美女出丹巴”的说法，这的确不假，如今丹巴的美女们散布各处，展示着自己的美丽，展示着丹巴独特的民族风情。

知识链接

丹巴选美

20 世纪开始，丹巴便形成了选美的风俗，欲将美人谷的典故向外界推出，每次选美要选出金花一名、银花两名、石榴花三名，获奖的美人作为丹巴向外界宣传的代表。选美会是以表演嘉绒传统舞蹈锅庄舞的形式来完成的，丹巴素有“歌舞之乡”的美誉，史书更有“夷谷每逢喜庆，辄跳歌庄”的记述。所谓锅庄，实际上与“锅”与“庄”均无关系，“锅庄”在藏语中就是“圈”的意思。表演时无乐器伴奏，场地一般选在锅庄房或院坝，男女双方各为一队，排成圆形，面向中央，围圈携手共舞，具节奏感的踏足声成为舞蹈的伴乐。领队的男头领应为德高望重、能歌善舞的长辈，随着舞蹈节奏的加快，气氛将由肃穆转而奔放，歌与舞达到高度的和谐统一。男女两队围绕中心反复旋转，这时的舞场变成了彩色旋涡，呈现吉祥如意的造型。长袖翻飞之处，女子与男儿那豪迈而粗犷的藏区性格一览无余。

第五节 喀纳斯湖畔的豪情——新疆布尔津图瓦村

喀纳斯图瓦村位于喀纳斯湖南岸2千~3千米处的喀纳斯河谷地带，周围山清水秀，环境优美，是从新疆布尔津县前往喀纳斯湖旅游的必经之路，海拔1390米。

神秘的图瓦人故乡

在遥远的新疆布尔津县，阿尔泰山深处的喀纳斯湖区，生活着大约2000名图瓦人。图瓦人即是晚清《新疆图志》中所记载的“乌梁海”人，他们世代沿袭传统的生活方式。图瓦村夹在两山之间，不宽的山谷，刚好供80多户人家居住。由于山不高，山谷便显得开阔，村庄因而也显得安详。村庄的背后是山坡，山坡的顶端是雪峰。

在夕照中，图瓦村里那些带有尖顶的、颇具瑞士风格的小木屋反射出一丝丝温暖的金黄色光芒。小屋旁边的松树三三两两地散布着，全都高大笔直。村中还长有白桦树，一棵一棵散落在松树中间，因为枝干雪白，便很显眼，再加上蓬勃的树冠，似一把把大伞。在图瓦村的背后，就是中俄边境上的友谊峰，西伯利亚的风从友谊峰吹过来，随着地势降低，骤然变暖，便孕育出了这片浓密的森林。图瓦村是个长条状的村子，由于木头小屋方方正正，村庄看上去也显得有棱有角。村中的小路向村子四周的松林延伸，一进入松林便了无痕迹。放眼望去，四周的山脉像是一双大手，将这个村庄呵护在掌心。

房子后面的栅栏一般都很长，人们要去山上打柴了，便顺着房子后面的栅栏出去，晚上再顺着那条路回来。时间长了，每道栅栏旁便都有一条路，每家

古村小巷

人都走自家栅栏下的那条路，绝不轻易走到别人家栅栏下。就连牛羊也认得自家的栅栏，早出晚归，走到村口了，就自觉散开，顺着自家的栅栏返回。

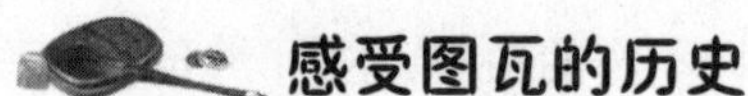 感受图瓦的历史

喀纳斯图瓦村居民是自称蒙古族的图瓦人，图瓦亦称“土瓦”或“德瓦”“库门恰克”。图瓦人的历史悠久，早在古代文献中就有记录，隋唐时称“都播”，元称“图巴”“秃巴思”“乌梁海种人”等。

图瓦人保存着自己独特的生活习惯和语言。图瓦语属于阿尔泰语系突厥语族，与哈萨克语组相近，因此图瓦人均会讲哈萨克语，与现在的蒙古语不同，但现在图瓦人学校基本上是普及蒙古语。在生活习惯上，图瓦人除欢度蒙古传统的敖包节外，还有当地的邹鲁节（入冬节）、汉族人的春节与正月十五元宵节。图瓦人信仰佛教，但萨满教对他们影响也较深。图瓦人的房屋皆用原木筑砌而成，下为方体，上为尖顶结构，游牧时仍住在蒙古包内。

喀纳斯图瓦村与喀纳斯湖相互辉映，融为一体，构成喀纳斯旅游区独具民族风情的人文景观。

知识链接

图瓦人与酒

图瓦人特别能喝酒。村里人喝酒，大都喝得平静从容。过节或遇到高兴的事了，他们便宰一只羊，买来一两箱酒，邀三五个好友，坐在家中开饮。这时候的礼节很多，主人倒满一碗，自己先喝了，然后给客人一一敬下去。一轮转毕，主人又喝一碗，再一圈敬下去。一般的汉族人勉强可以喝完第一碗，但第二碗是无论如何喝不下的。村里用来喝酒的碗很大，一斤酒一般只能倒三碗。酒量不大的人，喝第二碗酒后，便彻底醉倒了。但对图瓦人来说，这还只是热身，敬酒和斗酒还没开始呢！主人敬完三碗酒后，便将酒瓶递给客人中的一位朋友，让他敬一圈，接着再递给另一个人。一天下来，一箱子酒往往不够喝。主人吆喝一声，老婆或孩子便出去又搬来一箱。最后，所有的人都喝醉了，骑着马，由马自己走回去。家里人知道外出的人肯定喝醉，便亮着灯开着门等候，听见栅栏外有马的叫声，便知道喝酒的人回来了。

“一年之中，七个月冬天，五个月夏天。”这是图瓦人常挂在嘴边的一句话。冬天，大雪将村庄与外界隔绝，酒成了生活中的依赖。有人曾做过统计，图瓦村人一年能喝45吨酒，按人口算，一个人一天平均喝两瓶半。时间长了，每家屋后的酒瓶子便砌成了一面墙，阳光一照，闪闪发光。

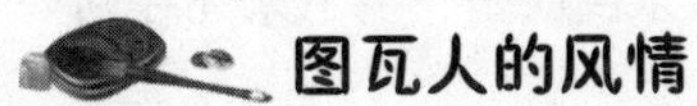

图瓦人的风情

每年的6月8日，是居住在喀纳斯的蒙古族图瓦人的敖包节。这时家家都在杀羊炖肉，酿制奶酒，清洁房间，各家的院子里都搭晾着洗干净的衣服，

女主人还将节日的盛装取出，一派节日前的喜庆。

古村一角

节日当天早上，人们会赶到离白哈巴村近5公里的敖包。“敖包”是蒙古语译音，也叫“鄂博”，是“堆子”的意思，意为用木、石、土垒成的堆。敖包用石头垒起，六棱形造型，会有图瓦人将印有经文的彩色经旗，绑在白桦树条上插在敖包六边。

不时会有图瓦人抱着石头走向敖包，将石头慢慢放入其中；不时还有人带来一个羊头，虔诚地放到敖包最外面一圈的大石头上。在离敖包10米外，图瓦人都是男子聚一堆，女子和孩子聚一堆，分别排列成10人左右一个小圈，将每家带来的布条、牛奶酒、羊肉、奶疙瘩等放到前排为喇嘛留的位置前面。过了11时，喇嘛来了，一身砖红的喇嘛服，严肃的表情，径直走到敖包旁边，念着经文，将手中象征吉祥的爬山松枝叶依次放到敖包指向六个方向的大石头上。

12时，敖包节正式开始。先是喇嘛念经，半小时后，到场的图瓦人全部起立，依次走过喇嘛面前，将经过喇嘛祝福的布条拿起，走到敖包前在白桦树上系上彩色布条。等人们都系好布条后，整个人群开始围着敖包转着圈，大声喊着“呼啦依，呼啦依（意为祝福）”声势浩大，非常壮观。游牧为生的图瓦人，用经旗、石头、布条表达自己祈祷生活吉祥、憧憬牛羊肥壮的愿望。热闹的绑布条活动结束后，喇嘛又开始念经，所有人手里都握着一截爬山松，随着喇嘛的声音，一遍遍举过头顶，大声喊着“呼啦依”，感谢赐予食物的天地之神。15分钟后，开始分发食物，大家席地而坐，不分男女都举着瓶子喝奶酒。不到20分钟，就有人醉了，站起来东倒西歪，倒下来还在到处寻找奶酒。

知识链接

新疆吐鲁番麻扎村

麻扎村这个神秘的古老村落，给人带来了无限的诱惑。它的文化，它的历史，它的宁静，让人仿佛置身于世外桃源。这里的居民们日出而作，日落而息，恬淡的生活气息俯拾即是。

“麻扎”是阿拉伯文的音译，意为“圣地”“圣徒墓”，主要指伊斯兰教显贵的陵墓。麻扎村坐落在火焰山南麓吐峪沟大峡谷南沟谷，西距中国地势最低、气候最炎热的新疆吐鲁番市约 47 千米，东距吐鲁番鄯善县城约 46 千米，有着 1700 多年的历史，是迄今新疆保存最好、最古老的维吾尔族村落。村子掩映在白杨和桑树之中，一条不宽的河从北向南穿村而过。沿河两边，建有零散的维吾尔族民居。宏大的清真寺与杂乱的居室并立于沟谷，完整地保留了古老的维吾尔族传统和民俗风情。

在麻扎古老的村落中，有新疆最古老的原生态葡萄园，“一棵葡萄三亩地”的“葡萄王”比比皆是。村中居民们继承了两千多年来用黄黏土建造房屋的传统习惯，一些建筑还遗留着佛教文化和伊斯兰教文化交相融合的印记，是国内一座至今保存完好的生土建筑群，堪称“中国第一土庄”。当地流传着这样的俗语：“土房土房，土坯砌房，不用木材不用砖墙，冬暖夏凉干净舒爽。”整个村子都是土黄色，土黄的山、土黄的屋，有独立成房的，也有沿山势连成一片的，远远望去，似乎空无一人。家家户户由弯曲和深浅不一的小巷相连，即使从屋顶走也可达到串门的目的。古老民居的门窗都很古朴，但又蕴藏了深厚的文化。门框上刻有各种纹样的木雕门铛，有花卉形状、几何形状和果实形状。窗框窗格上的纹样也是多种多样，反映出房屋主人的职业、爱好或地位。

第六节 瑶族故地——广西桂林千家峒

大泊水瀑布风景区位于江永县城北 11 千米的千家峒瑶族乡，不仅在 1998 年被命名为广西省级风景名胜区，同时也是全世界瑶胞寻根访祖的圣地，称为瑶族古都千家峒。千家峒由上、中、下峒 3 个盆地组成，总面积达 200 平方千米。四周崇山峻岭，平均海拔千米以上，有 8 万亩原始次生林，仅有“穿岩”与外界相连。境内山幽、林深、洞奇、瀑美、泉温，瑶族风情浓厚。这里至今保存着“盘王庙”“盘宅妹墓”“平王庙”等瑶族历史文化古迹，流传着许多神奇动人的民间传说。鸟山、白鹅山、白鹅洞、双塘映月、马山、狗头岩、大泊水瀑布、金童放牧、天女散花、三峰霁雪、仙人桥等自然景观更是迷人，宛若仙境，被喻为瑶族的“桃花源”。

千家峒的过往

大泊水瀑布位于霸王祖村后，是一组瀑布群，一条山谷深达 2000 米，沿途有七级倾泻的姐妹瀑，一瀑一形，一瀑一潭，一瀑一景，段落分明，自成首尾。瀑布群的终端就是大泊水瀑布，此瀑布高 100 余米、宽 30 米，四季不涸，颇为壮观。瀑布下有一水潭，宽约 100 米。瀑布从上而下冲击水潭，浪花飞溅。瀑布两边各有一石台伸出，形如两个小平台，可供游人观赏。如若将瀑布与两边的石壁组合起来观赏，有如一只巨大的山鹰，展翅飞翔。

在瑶族的语言中，“峒”是群山环抱之中比较宽阔的平原，永州江永千家峒就是指生活着上千户人家的山间小平原。传说中的千家峒是一个与世隔绝

的人间仙境，四周被五岭中的都庞岭与萌渚岭环抱，仅有一个岩洞维系着与外界的沟通，这个岩洞指的就是千家峒入口处的穿岩。如今穿岩虽已被弃置不用，但它依然完好地存在着，依然坚强地见证着千家峒的沧桑变化、岁月轮回。

千家峒

江永千家峒人文古迹众多，旅游资源丰富。古文献记载的峒口、四块大田、九股水源、枫木凹、白石岭以及造型奇特美观的鸟山、马山、石狗山等地形地貌特征就在江永千家峒内。元大德九年（1305 年），瑶民为抗击官兵围剿，在峒口的石山上筑起的古石墙仍依稀可见，现已成为千家峒的历史见证和奇特的旅游景点。境内出土的古剑、古砖、火管、石碾、酒具以及最近发掘的湘南第一大古民窑遗址，更增添了千家峒的神秘之感。

千家峒北依都庞岭，地势险要，山深林密，红军长征时曾经过此地，在海拔 1528 米的三峰山石壁上还刻有“中国工农红军万岁”的大字。山上有原始次森林 8 万亩，有国家保护的一、二级林木 27 种，珍稀动物 28 种，被誉为“南方动植物资源基因库”。

山中山涧溪水纵横，瀑布高悬，还有一处温泉，九股水源注入中峒，水秀山清，灵气无比。峒内山奇洞异，有形象逼真的鸟山、马山、狗头狮子岭、石童子、九牛戏水，有千姿百态的桐岩、白鹅洞、凤岩山等石灰岩溶洞，美不胜收。

江永境内的韭菜岭海拔 2009. 3 米，是境内最高峰。嶷山舜庙，为历代帝王“朝祭”圣地，“尧天舜日”名贯天下，毛泽东“九嶷山上白云飞，帝子乘风下翠微”的壮丽诗篇，更使九嶷蜚声中外。

在千家峒里，人们接受着瑶族文化的熏陶，尽情享受着徜徉于青山碧水间的闲情逸致及世外桃源般的梦境。

瑶家人的传说

相传在古代，平王豢养了一只五色斑纹的龙犬，对其爱如至宝。有一年，高王出兵侵扰平王国土，满朝文武大臣无一能出征讨伐者。平王为此忧心忡忡，于是贴出招贤榜：谁能应征打败高王，就将三公主许配给他，并封他为王。此时龙犬挺身而出，揭了皇榜，愿为平王出战强敌，保卫国土。随后，龙犬深入敌巢，施计咬死高王，并将其首级衔回向平王报功。平王为酬谢龙犬立下的功劳，兑现诺言，便将三公主嫁与龙犬，并封其为盘护王，即是盘王。可龙犬终究是犬，即使晚上他是一个漂亮后生。为了维护皇室尊严，平王将盘王与三公主送到了与世隔绝的千家峒。盘王与三公主结婚后，生下六男六女，平王各赐一姓（即瑶族最早的十二姓）。他们在千家峒繁衍生息，把千家峒建设得美丽富饶：那里四周环山，森林茂密，山花四季不败，百鸟争鸣；无数清澈的小溪汇成河流贯于峒中；峒中有四块大田，土质肥沃，一千户人家共同耕种，田里长的谷粒有花生米大，大家生活很富足。有一年，粮官来到千家峒，瑶家好客，大家热情款待，轮流宴请粮官，粮官也流连忘返一连住了很长时间。粮官久不回话官府，官府以为粮官被害，便派兵马前来攻打，千家峒一时变成血火之地。侥幸活下来的十二姓瑶人，也被迫逃散。走前他们祭了盘王庙，把牛角锯成十二截，每姓各拿一截，祝愿以后十二截牛角有凑齐的时候，瑶民有重返千家峒的日子。

离县城5.5千米，就是千家峒的入口。进入千家峒，沿途可看到千家峒古文献上提到的千家峒口、四块大田、鸟山、马山、石狗等景观。正如宫哲兵教授所说："千家峒文献中的多数地名物名，都在江永县大远乡内，说明文献的作者，可能是大远乡逃亡瑶民的后裔。文献中对千家峒的描写实际上是对大远乡的描写。"由此可见，千家峒在瑶民心中占有的重要位置。

第六章

徽商故地古村落

安徽境内有很多闻名中外的古村落，古村落中保存着完好的明清古建筑。其中西递和宏村这两个安徽古村落保留了已近消失或者已经发生改变的中国传统农村聚居的全貌。西递和宏村的街道结构、建筑和装饰、房屋布局以及人工水系都完好地保存着原始状态。

第一节 宏广发达的牛形村落——安徽黟县宏村

宏村位于安徽省黟县城西北角，距屯溪65千米，距黟县县城11千米。该村始建于北宋，距今已近千年历史，原为汪姓聚居之地。古宏村人独出机杼，开“仿生学”之先河，规划并建造了堪称“中华一绝”的牛形村落和人工水系，统看全村，就像一只昂首奋蹄的大水牛，成为当今建筑史上一大奇观。全村现保存完好的明清古民居有140余座，有“民间故宫”之称的“承志堂”富丽堂皇，可谓皖南古民居之最。

牛形古村落

宏村，古取宏广发达之意，原称弘村，位于安徽省黄山西南麓，是古黟桃花源里一座奇特的牛形古村落。宏村始建于南宋绍兴年间（1131—1162年），距今约有900年的历史。据《汪氏族谱》记载，当时因“扩而成太乙象，故而美曰弘村”，清乾隆年间弘村更名为宏村。

整个村落占地30公顷，头枕雷岗，脸面南湖，山明水秀，享有“中国画里的乡村”之美称。宏村基址及村落全面规划由海阳县（今休宁）的风水先生何可达制订。

山因水青，水因山活。南宋绍兴年间，古宏村人为防火灌田，独运匠心，建造出堪称“中国一绝”的人工水系，围绕牛形做活了一篇水文章。九曲十弯的水圳是“牛肠”，傍泉眼挖掘的“月沼”是“牛胃”，南湖是“牛肚”，“牛肠”两旁民居为“牛身”。湖光山色与层楼叠院和谐共处，自然景观与人文内涵交相辉映，是宏村有别于其他民居建筑布局的特色，成为当今世界历

宏村

史文化遗产一大奇迹。

宏村的建筑主要是住宅和私家园林，也有书院和祠堂等公共设施，建筑组群比较完整。各类建筑都注重雕饰，木雕、砖雕和石雕等工艺细致精美，具有极高的艺术价值。村内街巷大都傍水而建，民居也都围绕着月沼布局。住宅多为二进院落，有些人家还将圳水引入宅内，形成水院，开辟了鱼池。比较典型的建筑有南湖书院、乐叙堂、承志堂、德义堂、松鹤堂、碧园等。全村现保存完好的明清民居有 140 余幢，承志堂“三雕”精湛，富丽堂皇，被誉为“民间故宫”。其他著名景点还有：南湖风光、南湖书院、月沼春晓、牛肠水圳、双溪映碧、亭前大树、雷岗夕照、树人堂、明代祠堂乐叙堂等。村周有闻名遐迩的雉山木雕楼、奇墅湖、塔川秋色、木坑竹海、万村明祠“爱敬堂”等景观。1999 年，国家建设部、文物管理局等有关单位组成专家评委会对宏村进行实地考察，全面通过了《宏村保护与发展规划》。2000 年 11 月 30 日，宏村被联合国教科文组织列入了世界文化遗产名录，2001 年被确定为国家级重点文物保护单位、安徽省爱国主义教育基地，2003 年 12 月被

评为全国首批历史文化名村，2011 年 5 月 5 日被国家旅游局正式授予“国家 5A 级旅游景区”称号。

知识链接

南湖书院与承志堂

南湖书院位于南湖的北畔，原是明末兴建的 6 座私塾，合称“倚湖六院”，清嘉庆十九年（1814 年）合并重建为“以文家塾”，又名“南湖书院”。重建后的书院由志道堂、文昌阁、启蒙阁、会文阁、望湖楼和祗园等 6 部分组成，粉墙黛瓦，碧水蓝天，环境十分优雅。乐叙堂是汪氏的宗祠，位于月沼北畔的正中，是村中现存唯一的明代建筑，木雕雕饰非常精美。

承志堂建于清末咸丰五年（1855 年），是大盐商汪定贵的住宅。它是村中最大的建筑群，占地约 2100 平方米，内部有房屋 60 余间，围绕着 9 个天井分别布置。正厅和后厅均为三间回廊式建筑，两侧是家塾厅和鱼塘厅，后院是一座花园。全宅有木柱 136 根，木柱和额枋间均有雕刻，造型富丽，工艺精湛，题材有“渔樵耕读”“三国演义戏文”“百子闹元宵”“郭子仪拜寿”“唐肃宗宴客图”等。

宏村的水文化

明永乐年间，宏村 76 世祖三次聘请风水先生何可达进行对该村布局进行勘察。何可达认为宏村的地理风水形势乃一卧牛，必须按照“牛形”进行规划。

据说开挖月塘时，很多人主张挖成一个圆月形，而当时的 76 世祖的妻子

重娘却坚决不同意。她认为“花开则落，月盈则亏”，只能挖成半月形。最终，月塘就挖成了现在的半月形。后来的风水先生认为，根据牛有两个胃才能反刍的说法，从风水学角度来看，月塘作为“内阳水”，还需与一“外阳水”相相合，村庄才能真正发达。明朝万历年间，村民又将村南百亩良田开掘成南湖，作为另一个“牛胃”，历时130余年的宏村“牛形村落”设计与建造终于告成。

“牛形村落”科学的水系设计，不仅为宏村解决了消防用水，调节了气温，还为居民生产、生活用水提供了方便，创造了一种“浣汲未妨溪路连，家家门前有清泉”的良好环境。引而不发的羽箭，南湖（牛胃）效仿杭州西湖“平湖秋月”样式，整个湖面呈大“弓”形，“弓背”为两层湖堤，上层宽达4米；贯穿湖心的长堤如在弦上，一座拱桥如同羽镞。南湖湖面浮光倒影，水天一色，远峰近宅，跌落湖中。南湖四时景色不同，日夜风光各异。清人有诗赞曰：“夹岸桃李花，浓英殊窈窕”，“入夏菱荷香，镜面净为扫”，“最是夜阑风浪静，楼台灯火半模糊”。

宏村的选址、布局，宏村的美景和水都有着直接的关系，是一座经过严谨规划的古村落。村内外人工水系的规划设计相当精致巧妙，专家评价宏村是“人文景观、自然景观相得益彰，是世界上少有的古代有详细规划之村落”，被中外建筑专家称为“中国传统的一颗明珠”“研究中国古代水利史的活教材”。

南湖位于宏村南首，建于明万历丁未年（1607年）。宏村村落经永乐年间到万历年间，楼舍连栋，高低错落，人口繁衍，光靠原有的月塘蓄水已不够用。于是在1607年将村南百亩良田凿深数丈，周围四旁砌石立岸，仿西湖平湖秋月式样，建成南湖。湖堤上原来古树参天，苍翠欲滴，躯干青藤盘绕，禽鸟鸣唱；还有垂柳数株，枝叶婀娜；湖面绿荷摇曳，鸭群戏水，另有一番景致。加之树荫、水深和日光的相互作用，明暗协调，动静相宜，显得幽深、雅静、清新、明丽。南湖历史上曾经大修三次，1986年重建中堤，造“画桥”，可东西划舟，情趣无穷。

清嘉庆甲戌年（1814年）秋，浙江钱塘（今杭州）名士吴锡麟游南湖后，称赞“宏村南湖游迹之盛堪比浙江西湖”，因而南湖又有“黄山脚下小西湖”之称。古今许多诗人画家游南湖后作了不少诗篇，如“无边细雨湿春泥，隔雾时闻小鸟啼；杨柳含颦桃带笑，一边吟过画桥西”，更增添了南湖风光情

景交融的氛围。

月沼，当地老百姓称月塘，就是所谓的“牛小肚”，建于明永乐年间(1403—1424 年)。当时宏村人汪思齐发现村中有一泓天然泉水，冬夏泉涌不息，便三次聘请海阳县（今休宁）的风水先生何可达，并族内高辈能人，“遍阅山川，详审脉络”，制订扩大宏村基址及进行村落全面规划的牛形水系蓝图。他们引西溪水绕村屋，其牛肠水圳九曲十弯，又把水引入村中心天然井泉处建月沼池塘，以蓄村内阳水，供防火、饮用等。后裔汪升平等人投资万余金继续挖掘水圳呈半月形池塘，完成了前人未完成的“月沼”，这就是月塘。月塘常年碧绿，塘面水平如镜，塘沼四周青石铺展，粉墙青瓦整齐有序分列四旁。

宏村的多姿多彩

梓路寺位于宏村西南方向 3000 米的梓岭山弯，原建于唐会昌三年（843年)，历史上香火旺盛，游人如织，宋代杭州灵隐寺据载就是依此而建。梓路寺背靠象鼻峰，左面山脉似青龙，右面山脉似白虎，正前方山脉有四层屏峰和两座卧佛峰，俯视脚下一池碧水，奇墅湖 3000 亩水面波光如镜。这里视野开阔，风景秀丽，与奇墅湖休闲度假景区隔湖相望，四周植被茂密，环境宜人，是一处绝佳的禅修圣地。寺庙被建在象鼻上，周围群峰起伏，环境清新幽雅。

水圳建于明永乐年间（1403—1423 年)，至今已有 500 多年的历史，总长 1200 多米，绕过家家户户，长年清水不断。宏村人的祖先很会利用自然溪水来做文章，他们在宏村的上首浥溪河上拦河建石坝，用石块砌成数米宽的人工水渠，利用地势落差，把一泓碧水引入村中。水圳九曲十弯，穿堂过屋，经月沼，最后注入南湖；出南湖，灌农田，浇果木，重新流入濉溪。更为奇妙的是，这“牛肠”的水位，无论天晴下雨，总保持在一定的高度，即水位总是低于小桥以下一点，不多不少，十分奇特。

敬修堂是宏村清代民居的典型代表，坐落在月沼北侧西首，始建于清代道光年间，距今已有 180 年的历史。它占地面积达 286 平方米，建筑面积 452 平方米，屋基高出“月沼”近 1 米。整个房子坐北朝南，正厅前为庭院。与其他民居不同的是，院门外留有 10 平方米的空地，俗称厅坦，是夏日纳凉、

依水而居的宏村

冬天晒太阳及小憩聚会之处。

敬德堂整幢建筑装饰简朴，屋柱为方形，是宏村明末清初民居的代表作，可以了解普通商人的生活情况和徽州明、清建筑的格局。它位于宏村牛肠水圳下游转弯处，建于清初顺治三年。(1646 年)，为“H”形民居。厅堂背向排列，前后厅均有天井，采光性能好。两侧为厢房，南侧为前院，北侧为厨房。厨房里还有一个小天井，东侧还有一座面西朝东的小偏厅和大花园。

树人堂系清敕授奉政大夫、诰赠朝仪大夫汪星聚于同治元年（1862 年）所建。树人堂现在也是一座民艺收藏馆，是房主汪升 95 代孙汪森强的私人收藏馆。为弘扬徽州的历史文化，主人多年来从民间及博物馆收集了明清时期民间老作坊机械、石制器具、徽州版画、民俗用品、徽商书信用具、宏村族谱等，再现了当年徽州社会生活的一些侧面。树人堂全屋宅基呈六边形，取六合大顺之意。树人堂楼上收藏有宏村人经商的路线图——徽商遗踪和体现当年商运码头繁忙景色的书画。

桃园居建于清咸丰十年（1860 年），因房东曾于院内种植一棵稀有品种的桃树而得名。桃园居虽说规模不大，但门楼砖雕和室内木雕堪称精品。

知识链接

宏村的“风水树”

在宏村村口，一眼望去，可见到两棵有500年树龄的古树。这两棵大树，一棵叫枫杨树，当地叫红杨树；另一棵叫银杏树，当地叫白果树。北侧的红杨树高19米，围6米，需4～5个人才能合抱过来。整个树冠形状像一把巨伞，把村口数亩地笼罩在绿荫之中。南侧的白果树高20米，形如利剑，直刺天空。因为银杏是世界上稀有的树种，而这棵银杏又有500岁，所以大家把这棵银杏称为村口的“瑰宝”。这两棵大树是这牛形村的“牛角”，宏村的“风水树”，也是一种吉祥的象征。按照这里过去的风俗，村中老百姓办喜事，新娘的花轿要绕着红杨树转个大圈，这预示着新人百年好合，洪福齐天；高寿老人辞世办丧事，要抬着寿棺绕着白果树转个大圈，喻示着子孙满堂，高福高寿。

第二节 桃花源里的人家——黄山西递

有着900多年历史的西递是一座有着深厚历史文化背景的古村镇。西递古村镇坐落在安徽省黄山南麓，距黄山风景区仅40千米，古村镇占地0.16

西递古村匾

平方千米，平面呈船形。2000 年 11 月 30 日在澳大利亚凯恩斯召开的联合国教科文组织第 24 届世界遗产委员会会议上，古村镇西递被正式列入世界文化遗产名录。

东水西递说渊源

西递古镇有着深厚的历史底蕴。西递始建于宋朝元丰（1078—1085 年）年间，原名为西川，又称西溪。根据史料记载，西川之名是由于有河水向西流经此地，所以被当地人称为“西川”。其后“西川”改称为现在的“西递”，有两种不同的解释：其一是在宋朝时，西递曾是皖地东西的交通要道，朝廷在此地设有周转的驿站，用于传递重要公文以及提供住处给来往官员暂时休息，古代驿站就被称为“递铺”，所以后来西川又被称为“西递铺”；另一种说法是，在中国境内的河流一般都是自西向东流去，但西递所在地周围

的河水却是向西流的，有“东水西递”之意，所以“西川”也就被称为“西递”了。

据史料记载，这个有着900多年历史的古镇与唐王朝李氏一脉有着难解的渊源，唐昭宗李晔之子也可以说是西递的始祖。据称唐朝末年时，朱全忠占据洛阳，昭宗皇帝李晔也被胁迫迁都洛阳。当皇帝一行到达河南的陕州时，皇后何氏生下了一个儿子。喜获龙儿的昭宗既喜又悲，喜的是李氏的血脉可以得到延续，悲的是李晔自知这个孩子到洛阳后，一定会性命难保，一心谋朝篡位的朱全忠一定会将他斩草除根。于是昭宗皇帝决定将这个孩子藏匿到民间。刚好有一位叫胡三的婺源人在陕州做官，这个胡三也算得上是一个忠心卫主之士，他为了这个皇子，宁愿舍弃官职，带着这个幼小的孩子秘密回到了婺源的家乡考水。他怕人知道这个孩子的来历，便将这个小皇子冒充是自己的儿子，然后改姓胡，取名“昌翼”，寓意是翅膀长成飞出虎口。后来昭宗李晔一家果然全被朱全忠杀害，而这个幸存的小皇子就在胡家长大成人。时光荏苒，170年多之后的1077年，胡昌翼的五世孙胡士良去南京办事路过西递，一时之间被西递这里的山水风光吸引，便决定举家从考水迁往此处定居。此后的900国年间，胡家人在西递开始了繁衍生息，发展壮大，最后在这里形成了一座古村镇。

俗话说，“徽州十家九贾”，在中国更有“无徽不成镇”之说，徽商在中国历史上是出了名的，甚至在明清时期，徽商一度成为中国十大商帮之首。而西递的胡家人是从1465年开始踏上经商之路的，1662—1850年间，是胡氏宗族最繁荣鼎盛的时期。这段时期，胡家人在经商和仕途上都一帆风顺。仅24祖胡贯三一人就经营了36家当铺和20余家钱庄，他的商业触角几乎遍布长江中下游各大商埠，资产折合白银500余万两，是江南六大富豪之一。非但如此，他还与当时的宰相曹振镛结成儿女亲家。据说当时为迎接曹振镛，他更是斥巨资修建了今天的历史文化遗迹走马楼。正是靠着这种裙带关系和巨大财力，外加注重读书和处世有方，胡家官运也亨通起来，25世祖胡元熙当了杭州知府，26世祖胡积成任了礼部员外郎。到了清末时局动乱之时，胡家也开始了衰败之势，并最终退出了历史的舞台。而西递也随着胡家的衰落开始渐渐隐没。

知识链接

中国古代十大商帮

中国古代有徽商、晋商、陕商、鲁商、闽商、粤商、宁波商、洞庭商、江右商、龙游商十大商帮，其中以徽商和晋商规模最大，实力最为雄厚，纵横商界500年，最后却在清末民国时期，被宁波帮后来居上，取而代之。十大商帮中最早崛起的是学而优则贾的晋商，实力最雄厚的是贾而好儒的徽商。

厚重的历史风味

有着几百年历史的西递历史韵味厚重，退避一隅更显安宁祥和。西递有着桃花源的美誉，却从来没有真正地与世隔绝过。因它曾经随着徽商的脚步辉煌过，浸润了徽商圆滑的风骨，及至没落时，这种儒家的风骨依然保存着，隐藏在那些小巷里、楼牌中，甚至是那一砖一瓦之上。因为这份历史的风韵，西递也被誉为“中国传统文化的缩影”“中国明清民居博物馆”。

西递四面环山，东西长约800米。村镇中以一条纵向的街道和两条沿溪的道路为主要骨架，构成了以东向为主、向南北延伸的村落街巷系统。宽约3米的正街、横路街、前边溪街、后边溪街4条街道，构成了村落的主要道路骨架，40多条保存完好的古巷辐射全村，所有街巷均以青石铺地。西递至今还保存着古朴典雅的明清民居200幢，住宅大多临水而建，有高耸的马头山墙，精雕细刻的八字大门楼，曲折的墙面，形状各异的石雕漏窗及街头巷尾的石凳、石板桥、水井，这些建筑和物件都保持着明清时期的原有风貌。整个村落的整体轮廓与所在的地形、地貌、山水等自然风光和谐统一，具有很高的审美情趣，体现出皖南古村落的特有风貌。西递古村镇的房屋宇厦多采用黑色大理石修建。99 条高墙深巷错综缠绕，各具特色的古民居遍布其中，行走在这里就如同置身于迷宫之中。西递民居外表简朴，多以黟县青石镂空雕成花卉和几何图案装饰。大门均用黟县青石做框，上部镶嵌门罩，多用砖石雕刻，以花鸟虫鱼或历史场景为题材，寓意深刻，极为精美。特别引人注意的是房间的梁、枋、斗横、雀替、隔扇和凭空窗上的雕刻，雕工细腻，异常精美。

知识链接

西递古民居内的“天井”

西递古民居内大都设有“天井”，这也是徽派建筑的一大特色。徽派天井的设置，一般是三间屋在厅前，四合屋在厅中，起到采光、通气的功用。在过去那个年代，徽商巨贾为了藏富防盗之需，一般都会在自己的住宅周围建有高大封闭的屋墙，很少会向外开窗。设置的天井是唯一一处足不出户。也可见天日的地方，这天井也很好地把大自然融入屋中，使得“天人合一”。关于天井的设置还有一种说法，就是商人以积聚为本，总怕财源外流，造就天井，可“四水归堂”，即四方之财如房顶上的雨水，汇集于天井内，不至于外流他家，俗称“肥水不外流”。

西递村整体呈船形，村中鳞次栉比的古民居建筑群，宛如一间间船舱，组成大船的船体；昔日村头高大的乔木和 13 座牌楼，好比船上的桅杆和风帆；村周围连绵起伏的山峦，宛如大海的波涛；村前的月湖和上百亩良田簇拥着村子，恰似一艘远航的巨轮停泊在宁静的港湾里。

在西递村口，有一座兴建于明万历六年（1578 年）的“胡文光牌坊”，俗称“西递牌楼”，堪称明代徽派石坊的代表作。这个牌楼分为三间四柱五楼，整体结构巍峨气派，结构精巧，牌坊东西两面分别刻有“荆藩首相”和“胶州刺史”8 个大字。据说当时这是直接由皇帝恩准敕建的，这在当地是唯

一的一座，因此犹可想见胡氏家族在当时地位的显赫。

徽派艺术的典范

西递

西递不但是一座充满历史风味的古镇，也是徽派艺术的典范。西递古村落中保存着近乎完整的明清时代建筑有几百座之多，这使得西递堪称徽州古村落的典范。这些完整保存下来的历史遗迹也将是人类历史上不可多得的文化瑰宝。综观整个西递古镇，不论是在建筑布局、营造技术还是装饰工艺上的成就都是巨大的，可以说是代表着中国唐宋以来住宅和人居环境建设方面的最高水平。西递还是中国封建社会后期文化的典型代表——徽州文化的载体之一，是明清时期达到鼎盛的徽州文化的产物。西递这些保存完整的古老建筑包括凌云阁、刺史牌楼、瑞玉庭、桃李园、东园、西园、大夫第、敬爱堂、履福堂、青云轩、膺福堂等，保留了原汁原味的古代气息，也成为了今天人们凭吊历史的最佳选择。

一进村口，顺着胡文光牌坊向西，就会看见西递最著名的“走马楼”。整个走马楼建造的恢宏典雅，不落俗套，在当时既能彰显胡氏家族的不凡身份地位，又能保有徽派艺术深刻的文化精髓。

现今保存的走马楼，是依据当年兴建时的布局重新进行修复的，并与其相邻的七忠祠遗迹一起，共同成为一个旅游景点。走马楼的整体结构共分为上下两层，楼体粉墙黛瓦，飞檐翘角，既庄重又古朴，可以想见当年的繁华。在走马楼的楼下有一座黟县青石铺就的单孔石拱桥，名为梧赓古桥。古桥之下，西溪流水潺绕走马楼，穿桥而过，在此处可以领略到“西递八景”之一的“梧桥夜月”美景。

走马楼

七忠祠的历史要比走马楼的历史更为久远。祠堂坐落在村西的梧赓桥边，据说是为了纪念宋元年间明经胡氏的7位经学名家所修建的。在一定程度上，七忠祠已经不是一般意义的祠堂，而有了表彰先贤的意味。据说，胡氏的后人中，只有那些进士及第的族人，死后才可以进这座祠堂。

在明清两代，西递村共建有34座祠堂，其中比较著名的还有明经祠堂。明经祠堂本来是胡氏家族的公祠，最开始叫本始堂，初建于清朝乾隆五十三年（1788年）。明经祠堂门额上书有“明经胡氏宗祠”几个大字，据说是当时权倾一时的户部尚书、歙县人曹文植所题写。原先在祠堂的台阶下有一对石狮子，无形中增加了这座祠堂的庄重威严之感。明经祠堂是一座典型的门楼翘角式的建筑，用八字砖雕刻着门墙。在祠堂的廊前设有三元门，次三元门与祠堂大门口的三元门呈现遥遥相对之势。旧时每逢庆典，胡氏族人便在明经祠堂处张灯结彩，那时六门齐开，层落之间很是富丽堂皇。

在西递还有另一座著名的祠堂，名叫追慕堂，曾经的徽商首富胡贯三和西递著名的文人胡积堂，都是出自这一祠。追慕堂屋顶为飞檐翘角，八字形大门楼为两块完整的打磨光滑的黟县大理石雕制而成，堪称当地一绝，檐下三元门外设有木栏，整体建筑风格独特，极为精美壮观。追慕堂前的石狮子也十分威武，由于祠堂两边都是以高屋作为衬托，白色屋墙的高耸，旧日巷道的幽深，使它越发显现出了恢宏博大之势。在祠堂后厅的享堂之中还供奉着唐朝皇帝李世民的画像，旨在追慕自己的先祖，使后人牢牢记住自己的本源。

西递村现存最大的祠堂敬爱堂是一座宗祠，原为西递胡氏十四世祖仕亨公的住宅，始建于明万历年间，后毁于火灾。清乾隆年间重建时，因胡氏子孙繁衍，渐趋旺盛，遂扩建为宗祠，面积达1800多平方米。敬爱堂现被辟为“西递民俗展览馆”。

知识链接

古代的祠堂文化

在中国古代封建社会里，人们很注重家族观念，往往一个村落就生活着同姓的一个家族或者几个家族，这些家族都会建立自己的家庙或者宗祠用来祭祀祖先或先贤。当然，这些祠堂不仅是同族中各房子孙平时办理婚、丧、寿、喜等事的活动场地，更是族亲们为了商议族内重要事务的聚会场所。祠堂最早出现于汉代，当时祠堂都建于墓所，被称为墓祠。从南宋的朱熹首开立祠堂之制后，从此家庙也被称为祠堂。当时修建祠堂有等级之限，民间不得立祠。到明代嘉靖“许民间皆联宗立庙”，后来皇族或封侯过的姓氏将自己的宗祠称为“家庙”，而民间百姓则称“宗祠”。

充满人文色彩的民居建筑

除了那些古朴的祠堂外，西递还有很多带着人文色彩的民居建筑，旷古斋、桃李园、西园、东园、大夫第以及绣楼等古遗迹就是其中最负盛名的。

在西递的村口沿着青石板路一路前行就会到达旷古斋。旷古斋堂名系今人给取的，寓广博古徽文化之意，由当代著名书法家刘炳森手书。旷古斋堂前两侧厢房陈设古香古色，左为书房，内悬陶渊明《桃花源记》字画横轴，书案上有文房四宝；右为居室，家具上薄敷轻尘，古老彩绘雕花木床，静置一隅。旷古斋建于清康熙年间，是一幢清朝时期典型的徽派庭院式的私家宅院。院内的砖、木、石三雕都基本保持原样，正厅堂前摆放有西递古村落全景大沙盘，形象地再现了古村落的整个布局和山形地貌。

在西递的横街上还依次有瑞玉庭、桃李园、西园、东园、大夫第等民居建筑。瑞玉庭位于横路街口，是一座具有代表性的徽商住宅，由商人胡时虎

桃李园内景

始建于清咸丰年间，至今已有一百多年的历史。瑞玉庭古宅为前后背向三间二楼建筑，从上而下整体看来似“商”字形状。

出瑞玉庭前行数步，便是桃李园。据史料记载，桃李园也是建于清朝的咸丰四年(1854年)，整个建筑是由正屋与庭院共同组成，是西递徽商胡元熙的旧居兼私塾蒙馆。正屋整体是三间三进二楼的结构，整体的木雕楼裙嵌着“福、禄、寿、喜”四个大字，别致风雅。宅院内有一处很有名的内建筑，被称为绣楼，又名“彩楼”，建于清康熙三十年（1691年）。绣楼为一小巧玲珑、古朴典雅的亭阁式建筑，悬空挑出，檐角飞翘，三面有栏杆、排窗，显得突兀和别致。

位于中路横街之上的西园建于清朝道光四年（1824年），距今已经有180多年的历史，它是河南开封知府四品官胡文照的私宅。整个西园是徽州古民居中一座较为典型的徽派园林式建筑，其绝妙之处在于房屋的整体与庭院相呼应，庭院与自然贯通，成为一处集自然与建筑完美统一的典范。

知识链接

趣享古楹联

西递近年来以古民居、古楹联、传世的“三雕”艺术而为世人所称道，并最终赢得“中国传统文化缩影”“东方文化明珠”“中国明清民居博物馆”等诸多褒赞，成为中国著名的历史古镇，位列世界古文化遗产。西递

的这些传世艺术也正是这个城市本身的魅力所在。

在西递，人们不仅都会为古朴典雅、风格迥异的古建筑所倾倒，为载体多样、技艺精巧的古雕刻所惊叹，更不得不为内涵丰邃、艺术高超的古楹联所折服。

西递古楹联存量多、品位高、教化深、书法美、刻技精，是其他古村落难以相比的。它用通俗的语言文字、深邃的思想境地和生动的艺术手法，把中国传统文化理念浓缩成警语格言，供子孙后辈能朝夕相见并世代受益。

西递古楹联艺术充分体现了中华传统美德。经过5000多年的发展，中华民族文化得到了空前的光大，有了丰厚的积累。作为其重要组成部分的传统道德修养观念，特别是以强调“忠、信、孝、悌、礼、义、廉、耻”为行为准则和培养“知、仁、勇”兼备的健全人格为主要内容的宋明程朱理学思想，虽然带有很大的历史局限性，但数千年来成为了维系中华民族的精神纽带，至今仍对中华民族乃至世界产生教化、激励、凝聚的积极作用。

第三节 唐朝的模范村——安徽歙县唐模村

唐模村，始建于唐，培育于宋、元，盛于明、清。历史上因经济活跃、民风淳朴，而被誉为“唐朝模范村”，是徽州历史悠久、人文积淀深厚的文明古村。该村位于黄山之口，毗邻歙县牌坊群。檀干溪穿村而过，全村夹岸而居。村落以其千年古樟之茂、中街流水之美、“十桥九貌”之胜及“一村三翰林”之誉而闻名中外。

唐模村的前世今生

唐模村，是一座具有典型徽派建筑艺术风格和独特人文魅力的皖南古村落，现属黄山市徽州区，自建村至今已有1400多年的历史。

隋朝末年，战乱频发，唐模村村民汪华揭竿而起，攻下歙、宣、杭、睦、婺、饶六州，自封为吴王。唐初，汪华归顺新朝，任歙州刺史，总管六州军事，因功绩卓著，受封为越国公。因此，汪华成为徽州汪氏家庭中影响力最大、最久远的人物，被当地村民奉为保护神。

公元923年，汪华的后裔回乡，经过几代人的辛苦耕耘和发展，先后建造了中汪街、六家园、太子塘等建筑物，逐步形成了一个聚族而居的村落。汪氏子孙不忘唐朝对祖先的恩荣，决定按唐朝的规制和标准建立一个

唐模村

村庄，取名为“唐模”。南宋淳祐五年（1245年），许姓桂二公从歙北许村迁至唐模村定居。无独有偶，许氏十六氏孙许远也是大名鼎鼎的唐朝忠烈王。

相传，唐模村许氏有一位叫许以诚的富商在苏、浙、皖、赣诸省经营36家当铺。而在山村里过了一辈子的许母十分向往“人间天堂”杭州西湖，遂向儿子提出了想游览的愿望。但苦于山高路远，车马劳顿，母亲年老体弱，难以成行。于是许以诚不惜花巨资在村边挖塘垒坝，模拟西湖景致，修筑亭台楼阁、水榭长桥，湖堤遍植檀花和紫荆，取名檀干园。园内还建有三潭印月、湖心亭、白堤、玉带桥等胜景，恰似一处微缩的西湖。

唐模村的徽文化底蕴十分浓厚，极具人文特色和古园林特色，被誉为“中国水口园林第一村”。唐模村现已成为新农村建设中典型的乡村旅游带动型市级示范点，并先后荣获“全国文明村”和国家4A级旅游景区称号。

唐模村的忠孝景

唐模村拥有徽派园林檀干园（孝子湖）、水口、水街、镜亭、同胞翰林坊、沙堤亭、高阳桥等安徽省级文物保护单位，还拥有祠堂群、千年银杏、古井、明代古刻雕像和宋、元、明、清“苏、黄、米、蔡”等18位名家真迹碑刻等古迹。

忠君铸造了唐模，尽孝则成就了名闻遐迩的檀干园。现修葺一新的园林，由原上海博物馆馆长顾廷龙老先生于1997年4月题写了“檀干园”三字，古朴苍劲，以“玉带桥”分外湖、内湖，形成“外西湖”“内西湖”格局。过桥便是园内的中心“小瀛洲”（镜亭），3塘相连，宽亘10亩，灌田60亩，把“三十六典”也巧妙地隐喻进去了。

檀干园边有一棵已有400多年的古树。树端下部中空，犹如一位历经沧桑的老人在张口凝目。离树不远有一座“沙堤亭”，建于清康熙年间。此亭形式独特，亭分上下两层，上层中空，四边有虚阁，八个角的飞檐上各悬铁马飞铃，微风吹动，叮当作响。从不同的角度来看，每个平面均为八角，故又名“八角亭”。

由沙堤亭前行便是同胞翰林石坊，为纪念清康熙钦点许承宣、许承家兄弟俩同入翰林而建。因其工丽典雅，雕刻精美，被誉为唐模的门户和象征。

水街两岸分布着近百幢徽派民居和夹溪而建的街道市井。街上杂货店、百货店、油坊一应俱全，杏旗飘扬，具有浓郁的江南水乡色彩。沿街筑有40余米长的避雨长廊，廊下临河设有“美人靠”，供人来往歇息聊天。这种平静祥和、朴素恬淡的生活给人以极大的安定感和无限的憧憬。

知识链接

镜亭书法园

镜亭是全园的中心，四面环水，结构精巧。亭外留有石砌平台。亭柱有楹联曰：“春桃露春浓，荷云夏净，桂风秋馥，梅雪冬妍，地僻历俱忘，四序且凭花事告；看紫霞西耸，飞布东横，天马南驰，灵金北倚，山深人不觉，全村同在画中居。”全联格律谨严，意境高远，恰如其分地写出了“小西湖”的四时美景、山形地貌。亭内四壁用大理石建筑，上嵌历代名家书法长刻石18块。其中6石较短，刻朱熹、苏轼、倪云路、赵孟頫、文征明、查士标的行草；12石较长，刻米芾、蔡襄、黄庭坚、董其昌、祝允明、罗洪先、罗牧、程京萼、陈亦禧、八大山人的行草书和陆岳的篆刻等，石质细腻，石刻精美，铁画银钩，龙蛇隐壁，气势恢宏。一室之内竟珍藏历代书法大家世璧之精品如此之多，简直像一个书法珍品的博物馆，可见徽商经济的繁荣和由此带来的文化昌盛。据悉“文革”时期，此亭被当作牛栏使用，才使这些无价之宝幸免于难。

第四节 “山脊沙漠”——安徽黟县竹溪村

竹溪村位于黟县西北部，宏潭乡东部，距乡政府 6 千米，距黄山风景区 40 千米。

古徽州十景之一

细察徽派古屋就不难发现，这些古民居与现代建筑大相径庭，它们向外都没有窗户。历代以来，中国天灾人祸，战乱频起，百姓缺乏安全感。古民居的风貌诠释了它的内涵，徽商怕“露财”，所以形成了这种所谓“宛如城郭”的设计，即中间一个小天井，屋脊的水流入天井，似有“敛财”之意，即所谓“四水归堂”。

村周奇峰罗列，古木参天，景致极为壮观。据宗谱记载，先祖为避战乱，见此地“水竹桃园，洞然别有天”，遂定居于此。村侧，皆为奇峰怪石、飞瀑悬崖。村右有徽州十景之一的“吴楚山光”，清《徽州府志》载：“山如屏而立，旧有留侯庙，庙前岩平如案，俗称留侯台”。村南有“大备坑”，谐音“躲避坑”，相传汉代张良曾避难于此。村北峰峦称“七姑尖”，府志载有：“七峰如栉，石阁参差，常有云雾封护。”村后，一条石阶蹬道在山林中曲折蜿蜒，渐行渐高，一路古树蔽天，一直伸展到大山深处。据说，此路初辟于南宋末年，后经元、明、清数代补修，历来便是“官道”。山路古朴而又坚实，石阶岁痕斑斑，均为青板条石，两米见宽，顺着山势蜿蜒而上。最有魅力的一段驿道，是建在悬崖峭壁之上的台阶，可谓一阶一滴汗，一步一喘息。一路向上攀去，古道愈加险峻，石阶级依旧曲延如常，盘旋于山崖，一侧峰

古村民居

插云霄，另一侧深临峡谷。此段古道艰险而荒凉，两边芦苇障眼，只有几间残屋、几座石桥，显示出这里曾经有人居住过。从山脊望去，农舍粉墙黛瓦，清溪环绕，巨树蔽天，古亭、石桥、青石街巷，一条延伸到万山丛林的古道，黑白相间的民居隐约于碧谷之中。最令人惊奇的景观，还是在数座高耸入云的山峦之巅，竟然会出现大片沙滩。不少沙地中钻出一棵棵小黄山松，令人有发现山巅“荒漠”之感。“山脊沙漠”的来历，众说纷纭。一般说法是，这些山脊状况，过去与周边的地貌相似，皆由巨大的花岗岩构成，但是经过亿万年地壳的风化作用，坚硬的花岗岩石竟然化为沙滩了；也有人说，当地农民曾在“沙滩”里找到过贝壳之类的海洋生物遗体，附近山沟里还曾发现过“龙蛋”“龙骨”等古生物遗骸，即恐龙化石。

竹溪村的前世今生

古驿道所在的安徽歙县杞梓里镇竹溪村，公路两旁怪石嵯峨，悬崖巨岩，左右夹峙，景色煞是壮观。

古道上，偶尔还能见到一两座简陋的小屋，仿佛在凄凉地诉说往昔的

故事。旧时，漫漫驿道，“三里一路亭，五里一茶亭”。在外殷实的徽商常有捐资家乡铺路修桥的善举，即使徽商小户，虽然没有发大财，但是一旦“小有积蓄”，首先想到的便是在乡里造一座茶亭、修一个路亭，为风尘仆仆的客商找到一个歇脚的地方，喝一口水，吸一袋烟；再继续茫茫行程。旧时，古道旁的寺庵常年施茶送水，或烘烤干粮。如有商客夜间赶路，寺院则赠借火把，“僧尼分文不取”。秋收季节，亦常见僧人在田间“化缘”，以补足茶亭费用。即使普通乡民，也会为茶亭添置修缮一些木、石凳，便于过往客商歇息。

在乡间，常能在乱草丛中见到一些古牌坊。走近牌坊细察，上面“圣旨”二字依稀可辨，字体雄浑苍劲。牌坊也是由花岗石所建，均为二柱贞节牌坊。

第五节 牌坊之乡——安徽歙县棠樾村

棠樾村位于安徽南部歙县城西南 7.5 千米处，北枕龙山及其支脉后头山，南临徽州盆地，远处有富亭山为屏，中间开阔之地有源于黄山的丰乐河自西向东穿村而过，在形局上符合传统风水说关于“枕山、环水、面屏”的选址模式。

棠樾村的演变

棠樾村的建设主要开始于明代，历经明清两代的建设扩展，形成今天所能看到的规模。其实，棠樾村的建设，最早可以上溯到南宋建炎年间（1127—1130 年）。当时住在徽州府邑（今歙县县城）西门的一位以文著称的产业界人士鲍荣，在踏遍府邑四周山水后，发现今棠樾村所在之地绿林荫翳、山环水绕，是造园休闲的理想之地，遂在此建造别墅一座，成为棠樾村最早的建造者，鲍荣也因此而被棠樾人尊为始祖公。棠樾村名的由来，族谱中无明确说明，只引用有元代咏棠樾诗句“遥想棠阴清昼永”一句，而“棠阴”一词出自《诗经》，后被比作“德政”。“樾”字在《玉篇》中的解释是：“楚谓两树交阴之下曰樾”，也就是说浓浓的树荫之下就是“樾”，说明当时的此地树木葱郁，甘棠绿荫，环境幽静，是居住休闲的理想之所。

鲍荣之后，棠樾很长时间都只是作为园林别墅之用，别无他建。到了四世曾孙鲍居美时，因“察此处山川之胜，原田之宽，足以立子孙百世大业”，遂携家人自府邑迁往此处。此后800多年里，棠樾村便营造不止，成为鲍氏家族的长久聚居地。

棠樾村历来以“孝”闻名，建筑布局也充分体现了这一思想。而“孝”的起因与宋末元初鲍氏八世孙鲍宗岩、鲍寿松父子被盗贼抓后相互争死有关。相传鲍氏父子被盗贼追赶，被抓到后须杀死其中一个人以泄恨。儿子以尊老戴父为由愿替父死，父亲则以香火延续需生儿子为由争着赴死，父子争执不下，感动了盗贼，结果把父子二人都放了。此事正好印证了儒家伦理所谓“父慈子孝”的思想相继被收入《宋史·孝义传》、《明史·孝顺事实》、清《钦定古今图书集成》等史籍中，广为流传。后来鲍寿松做了官，朝廷特给棠

鲍家花园

樾村鲍氏御制了“慈孝里”石坊一座。元至正年间（1341—1368 年），鲍元康在龙山之巅特建慈孝堂，记刻父子争死一事。乾隆皇帝听到此父慈子孝的故事后也很为感动，专门为鲍家祠堂亲笔题写了“慈孝天下无双里，锦绣江南第一乡”的对联。

元明时期，棠樾人从村落的总体规划出发，对水道进行了大规模的改造，使原有的两股水流改变河道：一条入村后，沿村子南面环绕如带，呈环抱有情状；另一条原仅注入东北的横路塘，改造后从横路塘引出绕村东而出。两股水在东南方的马总步亭附近汇合，再流经七星墩附近的水口，然后再渐渐流走。

棠樾村的水口处是一组很有标志性的水口园林。按风水的说法，棠樾水口处在吉利的东南巽卦之位，乃生气之方。为了弥补此处缺乏锁气之山的缺陷，便在水口附近人工砌筑了 7 个高大的土墩，称之为七星墩，墩上植有大树以加强关锁之势。水尾处跨水建有石桥一座，桥上原有义善亭。整个水口园林基本保存至今。

棠樾村的大发展是在明代。明代是徽商发展的重要时期，这时期，大批徽商在外致富后纷纷回家乡购置田产，修造屋宇、祠堂，兴建学堂。嘉靖至万历年间（1529—1578 年），棠樾村出了一个大官——工部尚书鲍象贤，于是棠樾便在明中后期出现了一个营建村舍的高峰期。

棠樾村牌坊群

明后期的棠樾村已具相当规模。村内有一条名叫“前街”的以青石板铺成的街道，呈东西向延伸。前街中段的北面，工部尚书鲍象贤建有宣忠堂一座。其宅制经皇帝特许，门屋为五开间，檐下悬挂“宣忠匾”，门前竖有一对旗杆。宅深纵向为五进，是村内规格最高的建筑。鲍象贤去世后，因宅为祠，前面作为尚书公家庙，用作祭祀，后面仍作住宅。同时在村东大道边，建有尚书坊一座。另为鲍象贤祖父鲍灿建有“孝子坊”一座，为鲍象贤之父建有“监察御史坊”一座。鲍氏祖孙三代的三座宅坊，成为该时期棠樾村的主要标志物。

清代棠樾村的建设较之明代又有进一步发展，大致在乾隆至嘉庆年间（1736—1820 年）再一次出现建设高峰期。这一时期棠樾鲍氏一家三代出了 3 个大盐商，即鲍志道、鲍漱芳、鲍均，目前村内遗存的古建筑，大部分是这一家人的义举。村内街道由原有的一横道扩展为前后二横道格局，两街之间有数条南北向的小巷相通。大批的建筑、牌坊、祠堂、书院以及豪华住宅等，均兴建于这一时期。在明代已有的尚书坊、慈孝坊、孝子坊之间，又陆续加建了四座石坊，形成按“忠”“孝”“节”“义”排列的七座牌坊群。坊下以长堤一道相贯通，堤侧遍植古梅，间辅以紫荆，具有极强的标志性和可识别性，形成独具风格的村口景观。

棠樾村的牌坊

在封建社会里，为了表彰在“忠孝节义”等各方面功勋显赫的官员为朝廷统治做出的杰出贡献，当朝政府常常批准在这些人的故里村头，修建功德牌坊，借以号召人们以此为榜样报效朝廷。

棠樾牌坊群就是明清时期建筑艺术的代表作，建筑风格浑然一体，虽然时间跨度长达几百年，但形同一气呵成。歙县棠樾牌坊群一改以往木质结构为主的特点，几乎全部采用石料，且以质地优良的歙县青石料为主。这种青石牌坊不仅坚实，而且显得高大挺拔、恢宏华丽、气宇轩昂。建筑专家们认为，棠樾牌坊对研究明清时代的政治、经济、文化及建筑艺术和徽商的形成和发展，甚至民居民俗都有极其重要价值。

棠樾牌坊群坐落在歙县城西的棠樾村头大道上，共有 7 座牌坊依次排列，明代 3 座，清代 4 座，勾勒出封建社会“忠孝节义”伦理道德的概貌。在歙县

众多的牌坊之中，这种“以商入仕，以仕保商”、政治与经济互为融贯的密切关系屡屡可见。棠樾牌坊群雄伟壮观，全国罕见，被列为全国重点文物保护单位。

知识链接

安徽黟县南屏村

南屏是寂寞的，虽然它也有近千年的历史，但是一直以来，它都只是个默默无闻的小村子，没有名人从这里走出去，中国现代大大小小的战争也没有把战火蔓延到这里。仿佛这里就是陶渊明笔下的“世外桃源”，外界纷纷扰扰的争斗与这里是隔绝的。

南屏村位于黟县城西 4 千米，曾名叶村，又名翰林村，后因村北有屏风山，状如屏风而得名南屏。全村虽然只有 1000 多口人，却是一个有着 1100 多年历史的村落。古村今仍完好地保存有明清古建筑近 300 幢，幢幢结构奇巧，营造别致。

南屏村共有 72 条巷弄，所以南屏村又有“古巷迷宫”的美称。步步高升巷即长房弄，是 72 条巷弄中最长、层次感最强的一条，尽头有 23 级台阶，一级高过一级，因而得名。

南屏是叶、程、李三大姓聚族而居的村落，每个宗族都有自己的家祠、支祠和宗祠，从而形成了南屏恢宏壮观的祠堂群。特别是分布在街道两旁的八大祠堂，其中有属于全族所有的宗祠，也有属于某一分支所有的支祠，还有属于一家或几家所有的家祠。这里的宗祠规模宏伟，家祠小巧玲珑，形成一个风格古雅，颇具神秘色彩的祠堂群，不愧为“中国古祠堂建筑的博物馆”。

除了祠堂林立，南屏村的古私塾园林和古民居建筑也比比皆是：半春园、倚南别墅、南熏别墅、培阑书屋、陪玉山房、梅园家塾、慎思堂等保存完好，气势恢宏，雕饰精美绝伦。

第七章

尘封的古村落

在中国，由于经济、文化、地理位置等诸多因素，至今还存有许多数百年乃至数千年历史的古老村寨。走进这些至今保存着原有生活状态和建筑原貌的古村落，宛如走进了一座天然的历史博物馆。这些古村落就像是历史与现实的紧密相连的纽带，让我们可以更准确地了解过去。

第一节
尘封千年繁华时——广州黄埔村

广州黄埔村人杰地灵，村里的翰林、进士、举人、秀才举不胜举，被后人誉为“博士村”。清末时当国人还沉浸在“天朝一统”的自大心态之中时，黄埔人他们已经走出闭关自守的农业王朝的围墙，呼吸到海洋文明澎湃的气息，用固有的精明和八方商贾应酬周旋，用先天的智慧吸纳洋人的学问，用祖传的勤奋在大洋彼岸成家立业。于是，科学与民主，舶来的文明嫁接在黄埔村古老的传统上，繁殖了英雄辈出的子孙后代。

侨乡的历史

1757年，清政府实行“一口通商”，只保留粤海关，规定凡载洋货入口之外国船“必须下锚于黄埔”，广州被定为全国唯一的外贸通商口岸。当年粤海关黄埔挂号口便设在黄埔港，与此配套，还开设了税馆、夷务馆、买办馆和鳞次栉比的酒楼、商号。按《粤海关志》黄埔税馆图，黄埔税馆遗址在黄埔村酱园码头一带的河堤旁，前半部分架设在水上，两侧分别建走廊和栏杆，后半部分是主楼，高两层。

据《粤海关志》记载，1789年，外国商船泊于广州，共计83艘，同时有6个国家近百艘船在黄埔汇集停泊，黄埔村昔日的盛况，可以想象。那个时候，现在已经成为小渡口的黄埔古港停泊着美国的“中国皇后号”、瑞典的“哥德堡号”、俄罗斯的“希望号”和“涅瓦号”、澳大利亚的“哈斯丁号”等外国商船，每一艘商船都为它的主人带来了巨额财富。

该村港口的进口货值在当时广州对外贸易的进口总值中占很大的比重。

据《中国国际贸易史》统计，1817 年，广东当年对外贸易的进口总值为 2348 万元，而通过黄埔港的进口总值为 1971 万元，占广东省进口总值 80% 以上。黄埔村港在当时中国对外贸易中所处的重要地位不言而喻。直至鸦片战争后，清政府签订《南京条约》开放广州、厦门、上海、宁波、福州五处为通商口岸，广州对外贸易的中心地位才日渐削弱。同时，原古黄埔港码头因江畔淤泥日积月累，影响海船停泊，于是在清同治年间（1862—1874 年）将黄埔挂号口移至长洲岛北岸（现黄埔军校旧址所在地），但仍沿用“黄埔港”之名。到了 1937 年，又在珠江北岸的鱼珠、横沙乡一带，兴建码头，当时称为“黄埔新埠”。考古专家表示，目前能反映广州外贸名城历史的遗址有南越王墓、古代船坞、南海神庙、长洲岛等，但反映 17—19 世纪历史开发的仍很少，而黄埔村则可以填补、衔接这段历史。

村民出洋的目的地是按姓氏相对集中的。在早期，胡氏族人较多前往新加坡、马来西亚；冯姓族人较多前往日本；梁姓族人则较多前往美国，家谱中也有往古巴、秘鲁等地的记载。“二战”后，世界各地华人社会再次出现移民浪潮，总的趋势是由东向西，由南向北。黄埔村旅居国外各族人的后裔也逐渐再次移民，其中较多前往美国、加拿大，一部分前往澳大利亚、英国、法国等地。

清代，黄埔港是广州的外港，有时近百艘外国商船停泊在这里。而黄埔村一些人原来就是做生意的，由于有对外交往的便利条件，不少人向外洋发展，自然就是继续经商。此外，黄埔村也是西方国家在中国掠夺劳动力、拐卖华工出洋的见证地。自 18 世纪末起，西方国家为了取得廉价的劳动力开发本土及殖民地，纷纷向中国寻求劳动力。先是 1785 年英国东印度公司从黄埔偷运华工到澳门，再转往马六甲、槟榔屿等地。鸦片战争后，西方国家开始在中国获得各种特权。1859 年，广东地方

小村人家

当局在英法联军统领衙门的压力下，首次批准英国人奥斯丁在广州设立招工公所。1860 年，清政府也被迫签订了《北京条约》，条约中有准许华工出国到英法等地做工的规定。从此，外国殖民者在中国掠夺、贩运华工活动从隐蔽转向公开化。

黄埔村人非常善于利用在对外交往中积累的经验和广泛的社会关系办企业，并把产品打出国门。“老广州”都知道由广生行生产的“双妹”牌化妆品是个知名的品牌，它是由黄埔村人梁国森和朋友冯福田以及林先生三家创办的。当时成立了广生行股份有限公司，是公众公司的性质，股票可以买卖，类似现今的上市公司。据其后人回忆，广生行总部在香港、上海、杭州等地设有数十间分行，以上海的规模最大，战后还在新加坡、泰国等地设了分行。广生行的“双妹”牌化妆品不仅中国人喜欢用，许多外国人也喜欢用。

黄埔村的名人

鸦片战争前，黄埔古港是全国唯一的通商口岸，外国商船云集，当地村民得以广泛接触外国人及外来文化，并大量出洋谋生、留学、经商，涌现了一批对中华民族极具贡献的著名人物。其中著名外交家、工商企业家、经济学家、铁路桥梁专家、军事家就有数十名，如外交家胡璇泽、梁诚、梁洵，商业巨子梁韬、梁经国、梁纶枢，专家学者胡栋朝、冯锐、梁方仲，军事界冯肇宪、梁广谦等。

黄埔村在清朝出现了一家广东十三行之一的天宝行，老板梁经国，号左垣，祖辈于明洪武初年，从番禺的北亭迁至凤浦乡（今黄埔村）南约荣西里居住。

梁经国 19 岁入冯氏洋行做伙计。此人诚实能干，在冯氏出国的十多年时间里，由其一人代为执掌洋行商务，生意仍然兴旺。待冯氏从国外回来，梁经国将洋行经营状况如数向冯氏交代，冯氏十分感激。于是，冯氏给予梁经国经济帮助，于嘉庆十三年（1808 年），得清政府批准承充行商，名为天宝行。

天宝行是在中英关系恶化和其他行商纷纷破产的形势下创立起来的，但梁经国却以其“实在诚信”的经营方法独树一帜，使之生意兴旺，至嘉庆末年达到鼎盛。首先，天宝行取得与英国东印度公司贸易份额不断上升的业绩。

东印度公司与十三行商的毛织品贸易，一般来说，只有总商才可取得两份或三份的贸易份额，其他行商最多只取得一份或半份。作为刚创立的天宝行，刚开始就取得一份份额，以后上升到两份。其他如功夫茶的贸易额均占各行贸易总额的8%～10%左右。由于天宝行贸易蒸蒸日上，其贸易地位也不断上升，很快便位居10大行商之列。

其次，天宝行承保东印度公司商船数日益增多。按照清政府管理对外贸易的规定，英国等外国商人来广州进行贸易，必须在广州的十三行行商中选择保商才能进行。天宝行创立不久，于1811年开始，即承充英国东印度公司商船的保商，而且承保的商船不断增多。

只是，天宝行好景不长，到了道光年间便逐渐走向衰落。

第二节 疯狂的石头世界——河北井陉石头村

石头村位于河北省井陉县中西部，面积10平方千米，有400多户、1600多口人，其中95%以上的村民姓于，相传是明代政治家、民族英雄于谦的后裔。先祖于有道迁来时，这里还是一片旷野，“与木石居与鹿豕游”，距今已有500余年的历史。

以石头闻名的古村落

石头村村中大多数男子都是能工巧匠，他们祖祖辈辈靠自己的双手将石头修成梯田，雕成石器，盖成石屋，铺成街道，直至建成庞大的石头村落。全村共有石头房屋4000多间，石头街道3700多米，石头井窖池1000多眼，

石头村

石梯田2000多亩，石头用具2000多件，石头碑碣200多块（现尚存数十块），是名副其实的石头村。

全村共有六街七巷十八胡同，总长3700多米，纵横交错，每条街道均以石铺成。石街两旁是一座座石头院落，古式门楼，黑漆大门，家家相接，户户相连，鸡犬之声相闻，邻里朝夕往来，生生息息，一派农家景象。点缀其间的还有深宅大院，高房绣楼，古庙古阁，整个村落街依房建，房与街齐，呼应顾盼，规划有序。遍布全村的花草树木春绿夏艳，将原本有几分冰冷的石门，石街装扮得妩媚动人起来。“深山藏古秀，瑞石撒幽香”，漫步于石门、石阶、石墙之间，诗情画意油然而生。

石头村是石头的世界，其中的石头古街堪称于家村的一大景观。于家村的先人们对建房布局和街道设置都有明确规范，东西为街，南北为巷，不通谓胡同。古旧街巷，街宽3～4米，巷和胡同宽约2～3米。这些窄窄的街道，全为青石铺就，其大小不等，形状各异，巨细相间，高低俯仰。这些明清古道，追溯其历史多达500载，少也有300年，岁月沧桑，人来畜往，每块石头都被磨得细腻光滑，铮铮发亮。尤其在雨天，在雨水的冲刷下，熠熠闪光，更成为石头村一道难得的风景线。

在于家石头村，用石头盖的房院不少于百座，其中最为壮观的当属“四合楼院”。这是一座上砖下石的巍峨建筑物，始建于明末，房屋百间，建筑面积近千平方米。分为东西两院，均为北高南低，三面楼，两院正房下层均为石券洞室，九间无梁殿。整体建筑宏伟高大，古朴典雅，偏正侧倚，错落有致，宽敞豁朗，冬暖夏凉。

登上21级露天石头台阶，即到正房楼上“客位”，这里是宴请宾朋、贵客的地方。房内粗梁大柱，没有隔间，宽阔高大，气势恢宏。正中是门，宽过两米，两根明柱分立左右，中间安着四扇花棂木门。门的两边，下部建有几十厘米高的短墙，短墙之上全部安装着花棂窗扇。窗前是长长的走廊、站

在这里向前眺望，南山即景尽收眼底。楼下西厢房后面建有一排小房，分别是长工房、饲养房、磨房、碾房、库房、工具房、水井房等，大家气派可见一斑。

神仙的庭阁——清凉阁

在于家村，有一个富有传奇色彩的建筑“清凉阁”，又名“神仙阁”，坐落于家村东口，是于家村的标志性建筑。此阁始建于明万历九年（1581 年），相传由力大无比的于喜春一人所建。

据传，清凉阁原拟九层，但修至二层时，于喜春在悬挂风动匾时砸伤手臂，继而病故，未能完工，后人加建至三层。清凉阁建筑风格独特，构思奇巧，雕梁画栋，五脊六兽，斗拱重檐。东门悬有风动石匾，西门高挂扇形镏金匾，南侧嵌有圆雕龙头，扇形匾上书“清凉阁”三个镏金大字；风动石匾制作古怪，双童簇拥梅花鹿，大风不动小风动。

清凉阁三层结构各异，引人入胜。第一层为搭券四门式；第二层是实心四室式；第三层乃明柱回廊式。该建筑顶层系“木砖补葺”，四面明柱，单门殿堂，白墙壁画，琉璃瓦顶，清新明快，古朴高雅。下面两层是全石建筑，错落有致，跌宕起伏。

清凉阁

更为奇特的是，如此高大的建筑物，竟然不打根基，不填辅料，以天然石底为基础，块块巨石就地而起，从下到上完全干打垒而成。石块巨大惊人，有的长过数米，有的重达数吨，有的原封不动，有的錾迹寥寥，构造粗犷奔放，设计独出心裁。整个建筑充满古朴粗糙之美，正如当地民谣所说

的“一块石头一匹梁、一块石头一堵墙”。清凉阁巍然耸立于山间村首，蔚为壮观。

清凉阁上面两层皆为庙宇，最上层是玉皇庙顶，供玉皇大帝。第二层分四室：东室三皇庙，供尧舜禹；南室三义堂，供刘关张；北室阎王殿，供阎罗王；西室观音祠，供送子观音、斑疹娘娘和眼光娘娘。下层是搭券形建筑，朝东向西宛如城门，是于家村的东大门。拱券中央刻有于喜春侄儿于朝兴雕刻的碑文：“万历九年起根源，一人修筑其实难。二十五年完下节，思量何日得周全。阖村都说使木植，凭吾独力凿石山。经营暂停观此境，等待功成万古传。”

综观整个清凉阁，累累巨石，鳞次栉比，集美学、物理学、建筑学、数学于一体，鬼斧神工，可谓建筑史上一大奇迹。

石头村的水井

于家村的另一个景致便是村中随处可见的水井，如今全村共有新旧水井700多眼、水窖近300口、水池18个，是总户数的两倍多。

于家村在建村之初，先祖们对蓄水、用水就非常重视。对此，于、康两家各有安排：于氏先祖生有五子，共分“五股”，在南山脚下挖了五个水池，取名“大爷池、三爷池、四爷池、二爷池、五爷池”；康家在东山脚下也挖了一个水池，取名“康家池”。

由于水的珍贵，因此对水管理甚严，如清乾隆三十九年（1774年）所立的“柳池禁约碑”就规定：对孤、寡老人可照顾；对偷水、浪费者处罚。

后来随着人口不断增加，各户开始自找地方打井、修窖，有的在村边，有的在路旁，有的在地头，有的在山上，有的置院内，有的盖井房。年复一年，越来越多，全村上下，家家有井，户户有窖，面面有池，犹如繁星，形成了一个罕见的井窖池网络。

位于石头村正中的真武庙坐北朝南，始建于嘉靖年间，是一座砖石结构的庙宇。进入此庙，先要登15级台阶，拾级而上，原本低矮的庙门在抬头之间显得高大威严。庙内正殿供有金面真武塑像。院内有一块仅存的石碑，记载了于家村的建村方略、建材方位以及于家村原名等内容，是一本难得的“村史”。如今真武庙内塑有于谦的像，两边的墙上是密密麻麻的于家村家案，

这是一部记载了于家祖祖辈辈的家族发展史。

千姿百态的石头文化，淳朴深厚的民俗风情，这就是于家石头村的美妙。“东阁西塞南洞北寨面面皆有古景点，春游夏游秋览冬赏季季都是好风光”便是对石头村的最佳描述。

第三节　千年传承的古村落

世代相承的文明村——湖南道县龙村

龙村位于湖南省道县乐福堂乡，村后的小溪叫龙溪，龙村以龙溪得名。龙村的始居者为熊氏，是汉侯王熊尚的子孙。龙村现为蒋、柏两姓居住，至今龙村建村已有 2000 多年，是目前永州有记录的最古老的村子。

永州地处古代由湘至桂的交通要道，战乱不断。为确保安居乐业，古人选择村址侧重于居住安全，充分利用自然山势地貌，构成一个非常安全的村落环境。

龙村以东面高耸的两山作为屏障，龙溪从村子后面的山脚下环村潺潺流过，构成村落的两道防线。村前筑女儿墙绕村，墙与小溪、高山一起把龙村围成一个城池，这与古代城壕村落的防御体系同出一脉。由史前至秦汉，中国固有的城壕村落的防御体系一脉相承到汉代。

龙村的村落布局比较规整简洁，贯穿村子、由青石板铺成的两条大道是村内的主要干道。一条从村内经过，是村子的中轴，为村中的街道。与这条街道平行的是一条通过村中的水渠，水渠两旁建有铺面，常吸引四邻村里人来此购物。从零陵去广西的过路客，有时会在此留宿和交易。另一条石板路沿围墙延伸到村外，车马可以从这条道进出村子。两条大道之间另铺有石子

古村一景

道沟通村内交通。

村内居住房屋沿道路密集布置，公共建筑青龙阁和祠堂、学堂安排在主干道附近。村子重视子弟学习，明清时期曾高中几名进士。两姓族谱上有相同的“家规”“家戒”“立品”等道德规范条文。村内有一联匾，上书：“储天地太和之元气，诒子孙乍宅之安居”，横批“维德之基”，可见这是一个世代相承的文明村。

濂溪故里——湖南清塘楼田村

楼田村位于湖南省道县清塘镇久佳乡。这个古村历史悠久，我国伟大的思想家周敦颐就诞生在楼田村。周敦颐（1067—1102 年），字茂叔，宋代人。他在楼田村生活到 14 岁，14 岁时，父亲周辅成逝世，其母郑氏带着他兄妹三人离开道县。后来，周敦颐任永州通判，他又回到家乡，探亲祭扫长达一个多月。自周敦颐祖父周智强从宁远大阳洞搬到道县，在这里定居后，繁衍生息，发展到现在，楼田村已成为一处周氏家族的村落，全是周姓，到现在已

有500多户，1500多人。

山上有个方圆0.5平方千米的古寨，名叫安心古寨，是古时村民躲避战乱的地方。寨子的周围用石块叠堆成城墙，下临绝壁。安心寨内有水井，常年不涸，还有石磨、石臼。据考证发现，古寨还有西汉时期的瓦砾。山寨是山下村落的重要组成部分，以考古发现的西汉瓦砾推测，楼田古村建村的年代可追溯到汉代。楼田村落里的建筑遗存以明清时代的建筑为主，但还保存有宋代的建筑——周敦颐的故居；南宋时期古濂溪祠遗迹上的莲花石础，规模雄伟壮观，新建的濂溪祠位于旧遗址的对面。

楼田村的村落布局与中国一般古村格局不同，不是纵横垂直的“井形”巷道，而是曲形巷道，有点像八卦，进入巷道很难辨别方向。这是有意为之，还是因山就势、因地制宜所为，就连村里人也说不清。远处看村子，一点都不显眼，看不清全村的面貌，好像只有几户人家。就是到了村边，沿着村子绕一圈，也感觉不到村子有多大。只有当你走进弯直交错的巷道两边的深宅大院里，才能感受到古村的庭深院大。这可能正是因为弯曲巷道布局所形成的效果。楼田古村的环境格局既有利于深宅大院的隐蔽，也有利于对外的防御。也许正因为有这些优点，周氏先祖才选择了有别于一般传统“井”字形的村落布局。

根据族谱记载，濂溪祠最早建于南宋，明代徐霞客游记中有记载：“……而濂溪祠在焉。祠北向，左为龙山，右为豸山，皆后山象形……祠环于山间而不临水，其前扩然可容万马，乃元公所生地……”这座古祠只残存莲花石础可供考证。全村还保存有五座完整的祠堂，祠堂前临稻田和山道，紧贴村落背后。从山中流出的“圣脉”泉水汇成小溪，由村前流过。“圣脉”泉边的岩石上的“圣脉”二字是明代道州刺史方孝孺题书，另一石刻“桑源”二字由周敦颐十三代孙周廊祥题写。

泉井旁道原有风月亭、濯缨亭、爱莲亭榭等五处建筑，现仅恢复濯缨亭一处。据说亭边稻田原种许多莲花，这些建筑和莲花是周氏子孙依周敦颐的理学思想而建的。村后的山原名安定山，因周敦颐的道学而改名为“道山”。

和谐的氏族社会——湖南江永上甘棠村

上甘棠村位于湖南江永县城西南25千米的夏层铺镇。上甘棠村是一处千年古村，据《江永县志》记载："汉武帝元鼎六年（公元前111年），在今县西南设置了谢沐县，归属交州苍梧郡，即上甘棠所在地。一直到隋开皇九年（589年）并谢沐、营浦为永阳县，属永州总管府，县治撤离上甘棠。唐天宝元年（742年）的永明岭（今都庞岭），改永阳县为永明县，属道州。"至清光绪三十三年（1907年）建谢沐乡，1956年建甘棠乡。现离上甘棠村500米远左右，还有一座汉代的石板桥。村子的后面有一座石砌屋基，据说是谢沐县旧衙门的旧址。

上甘棠村坐落在昂山、将军山、滑油山、龟山以及狗头山等几座山环抱的田洞边缘。村子背依滑油山，好像坐在太师椅上。村后山脚下有三节石壕，地下暗泉汇成小溪，沿着壕沟流进两个大塘，再由大塘流入村前的谢沐河。由山、水所形成的天然屏障，构成上甘棠村的外围防御体系。

上甘棠村是一处周氏家族聚落。周氏本姓姬，是周武王的同系，后改周姓。周代崇尚礼制，周氏后代秉承先祖的遗教，以礼治国，以礼安家，尊老敬贤，在上甘棠这个大家庭里形成一个独特的管理体制。他们推选一些衣锦还乡的官宦和德高望重的长者负责管理这个小社会的重大事务，把全村划分

上甘棠村

成几个层次：以血缘为脉，按族构成一家门楼进行管理。每家门楼又分为堂，如“一单清堂、忠厚堂”。全村共有九单十家，分为十族，每族有一个族长。遇到重大事情便召集全族的男性家长聚会，共同商讨解决。村定有村规，平时邻里之间出现的小纠纷都能依照村规自行解决。

上甘棠村不是一般自然形成的村落，而是在建村之始，就严格按照建村的理念和布局的指导思想去规划，以人为本，结合自然的地理条件，把村落布局与礼制管理融为一体。按九单十家的管理体制功能分区，划分整齐的道路系统和居住院落，既节约用地，又便于管理和防御。历千年而不衰，从而构成一个和谐的氏族社会。

周氏家族不仅重视其家族关系，并以他们出身官宦世家为荣。自汉唐以来，中国城市受周礼的影响，前朝后市，左祖右社，城市的布局讲究规矩，街道横平竖直，整齐划一。这些城市的巷道模式对出身于官宦世家的周氏留下了深刻的影响，上甘棠居住环境选用城市里常用的巷道模式，也就在情理之中。

上甘棠的村落布局，自北边的昂山开始，沿谢沐河向南安排一条村里的主要交通干道，宽1.8米。与主干道垂直的东西次干道是专为九族人而设的；通过九条次干道联系左右的小巷道进入各族人的住房。在中央区域四五干道后面，另设一条平行（南北向）主干道的次干道，这条次干道以东至山塘边的这个区域就是称为十家厅的族人住房，它与两边的干道相通。塘边有一口井，供十家厅的人取用。十家厅的房屋比其他院落的住房都高一些，叫高屋，在全村布局中起到一个中心的作用。

各家（单）的门楼（坊）建在次干道与主干道相交的位置，门楼前开辟小型场院，作为各族的活动场地，也是进入各族的起点。这个小场院靠近谢沐河，建有各自的码头，供取水、洗涮之用。后为防匪、防洪，又在主干道沿河建起2米来高的石城墙，城外只保留两个码头，而其他的每家的码头都设在城内。古驿道旁，石墙下留有进水口和出水口，谢沐河的水从城墙下进出，而饮用的水各自另安排地方。村落西南，在谢沐河下游建有一座三孔石拱桥——步瀛桥，作为全村的主要出入口。村子的北边和村中间各建有小桥。

知识链接

上甘棠村的防御体系

上甘棠村的防御体系很完善，分几道防护层次，构成一个完整的体系。

第一道防护：村后的山脉屏峰和村前的谢沐河。

第二道防护：河岸的石墙和村后边的石壕。

第三道防护：主干道南北村口设置栅门，晚上便关上门，栅门上有小楼，设专职人员看守。大门上还开了一个小门，仅供一人侧身进出。

第四道防护：通向居住院落的小巷道也有栅门，各家堂自己负责关门。

全村有栅门八扇，每家门楼有公用田，收入专款专用，用以支付专职管理人员开支。

溪西巨镇——浙江建德新叶村

在浙江省建德县临近兰溪县的山地中，有一个古朴而普通的村落，它就是形成于宋元时期，经明、清、民国直到今天，历30余代不间断而仍然生机勃勃的古村落——新叶村。

新叶村在历史上属浙江省兰溪县，1951年7月划归寿昌县，1958年11月又划归建德县。它在某种程度上仍属于兰溪文化体系，与诸葛村等古村落有许多类似的地方文化特征。兰溪县地处浙江省中部，境内有兰江流过。建德县在兰溪县北部，新安江从境内流过。两江为富春江上游，在严州汇合为一，逐渐进入富春江的下游钱塘江，直抵杭州。新叶村便处在兰江与新安江之间。

兰溪县境内多山，村落分布在浅山丘陵区的大小盆地之中，除沿江和县城所在的平原区域以水稻农业为主外，其他村子因多处山丘地区而以种植旱作谷物为主。但由于兰溪所在的新安江上游的徽州地区明清时期商业发达、

经济繁荣，下游的杭州等地更是商贾会聚之地，因此，兰溪从宋元时期开始便会聚了不少外来商贾。正德邑进士章懋在为平渡镇渡口所作的《待渡亭碑记》里指出："四方车马之经行，负担之往来，日以数千。居民数百家，成以货殖为业。"

在四方来客中，徽商占了大部分。清道光三年（1823 年），徽州人程圣文在兰溪开墨店，远近闻名。此外，徽州人经营其他行业，如百货和典当也很出名。正德《兰溪县志》也有记载："徽贾纷集，市兴矣！"

从建筑体系来讲，兰水以西主要受徽派的影响，属徽州建筑文化圈；兰水以东虽属东阳建筑文化圈，但徽派的影响仍随处可见。

新叶村旧时称"白下里叶"。"白下"是指玉华山，它因其山上 100 米、长 200 米的白色崖壁在东面阳光照射下总是闪闪发光而得名。玉华山又称白崖山，据民国《寿昌县志》记载："一名白山崖，悬岩峭壁，昌润有光，故谓玉华山"。新叶村就在白崖下，里叶是玉华叶氏的族称，1949 年起改称新叶。

据《玉华叶氏宗谱》记载，叶氏聚居里叶之前，这里是夏姓人的村庄。叶氏随宋室从中原南迁到了徽州，其中一支后裔又迁到了浙江。玉华叶氏的

古村古景

始祖叫叶坤，“居寿昌湖岭，宋宁宗嘉定年间迁玉华，赘夏氏”（湖岭离新叶村北约25公里）。传说叶坤年幼时父母双亡，只好投奔家住新叶的娘舅夏氏人家入赘。后来夏氏嫌本地土质瘠瘦，耕作困难，便迁离了此地。叶氏人相继迁来，经勤奋劳作，改土筑渠，终改造了地力，获得了农业的丰收，并繁衍至今达30余代。

据宗谱记载，新叶村选址叶氏三世祖东谷公在理学家金仁山的勘察指点下，在玉华山（又名砚山）的东面、道峰山的正南面选定村落基址，村落位于玉华山和道峰山之间峡谷的东南口上，正好印证了“山起西北，水聚东南”的理想风水模式。1991年，夏季暴雨引发山洪暴发，下游邻近的三石田村大面积被淹、被毁，而新叶村却安然无恙，反映了新叶村当年所选宅址的安全性。

新叶村整体上是一个坐南朝北的村子，西面的玉华山为祖山，北面的道峰山为朝山。道峰山（又名文笔峰）外形规整，呈圆锥形，附近很多村子都以它为朝山。但唯有新叶村靠它最近，且在它正南，所以，从早晨到傍晚，新叶村终日都能笼罩在灿烂明媚的阳光下。

朝山、道峰山南侧，有两层较低的山冈，从村子往前眺望，可看到三层山峦，很有层次感。据说，这三层山喻示着三道“金牌”。很巧的是，玉华叶氏宗族在历史上确实得到过三封“诰命”：元泰定三年（1326年）泰定帝褒奖叶震父母叶克诚（东谷公）及其妻唐氏；元天历元年（1328年）元文宗敕命叶震为河南肃政廉访司副使并褒奖其妻金氏；明万历十二年（1584年）明神宗诰封叶锡龙。

新叶村从叶克诚定居于此开始，就非常重视水的治理。该村水源一是地表水，二是地下水。地表活水分为3条：一条发源于道峰山、玉华山之间的峡谷内，自西北流向东南，到村子东北角又转而南流，与另外两条活水汇合，形成“水口”。因为此水与村子之间还隔着一条名为前山冈的高地，故此水被称为“外溪”，其作用是灌溉高地北面的农田和村东南至三石田村的广大农田。另外两条被称为“内渠”（又称双溪）的活水，分别发源于玉华山的东北和东南山麓，为村内重要的排水系统。两条“内渠”大体自西向东流动，一条经村北折向东南流，另一条经过村南折向东北流，先后在村东南250米处的万枝桥边和抟云塔后的水口桥边汇入外溪。二水汇合处又正好南有象山、北有狮山两座小丘把守关口（水口），在土丘上，村

里人长期栽种枫树和松柏，以加强关锁之势，形成终年葱郁的水口景观，成为典型的山水吉地。

在古代，科举一直是普通老百姓显耀门第、出人头地的唯一途径，因此，乡村选址与规划均要强调兴文运。新叶村之所以面朝道峰山，就因为道峰山在外形上为规整的圆锥形，颇似毛笔之状，因而可以作为喻示村落兴文运的“文笔峰”。村西的玉华山因有白色的大崖壁，好像砚板，故而称之为“砚山”，与文笔峰相配。村北口祖宅有序堂前，特挖有一个大池塘，叫南塘，又叫龙池，玉华山和道峰山都能倒映在塘中，因而被称作“文笔蘸墨”。在宗谱中还专门收有明嘉靖时白崖山人（叶一清）写的《玉华十咏》，其中的《道峰卓笔》和《龙池浴砚》写出了村人对兴文运的渴望。

新叶村的东南水口处，因过于低洼，在风水上认为不利科甲，因此在明隆庆年间，由叶天祥主持在此特修了一座七级的“文峰塔”，名为抟云塔。抟云塔下后来还增修了文昌阁和土地祠，与象山、狮山一起，成为水口的标志性建筑景观。

山水吉地——江西婺源晓起村

晓起行政村位于江西省婺源县的东北部，由 12 个自然村组成，辖人口 2800 百余人，共同构成一个古村落群，分别由下晓起、上晓起、上坦、下坦、井坞、青垓山、大碣、外箬坦、岭下、湖村、新屋、龙迴坦等村构成。

晓起村委会所在地在下晓起，又称下晓川。唐乾符年间（874—879 年），歙县篁墩人汪万武始居于此，当时因避乱到达此地时，正值黎明天刚破晓，故命名为“晓起”。后来洪姓家族在溪流上游建村，称为上晓起村，本村便改名为下晓起村了。上晓起村后来有江、叶、孙等姓氏相继迁入。

上坦自然村在宏溪旁，由下坦陈姓迁此建村，继有汪、孙等姓迁入。下坦在上坦下游河边，歙县篁墩人陈炳宜始建村，已有 3 代。

晓起所在地属典型的丘陵地，山峦多呈南北向延伸。境内主要的山有朱笔尖（当地俗称猪鼻尖），海拔 576 米。朱笔尖南面一座略矮的山叫“乌纱帽”。上晓起西南有一“笔架山”，因紧邻村庄，村人又称其为“壁上挂钟”。晓起村四周环境幽静，古木参天，至今仍有 250 株古树，这与当地长期封山保护风水林的习俗有关。

晓起村

晓起之地聚居的历史，最早可上溯到唐末，但真正出人才的，还是在清末至民国初期这段时间。下晓起汪氏居住始于唐代，上晓起洪姓居住始于唐代，上坦洪氏居住始于明中叶。这3个村子中，以上晓起读书做官的人最多，文化氛围也最浓。下晓起和上坦则以经商者居多。

上晓起、下晓起和上坦3个古村落的选址特点基本一致，都没有脱离传统风水思想的指导。他们都强调周围的山川形势，比如背后一定要有依峙的大山和来龙，前方一定要有绕村而过的水，再就是要讲究一定的朝向。

村落水口经常按照风水的要求进行严格的选择或改进。比如上晓起水口处就选择了一座象鼻山、一座狮形山来夹峙，形成典型的“狮象把门”局势，以把住水口。在下晓起水口三水交汇处的岸边，有一棵老樟树，被村人称为“樟树爷爷”或“樟宝”，村里的祠堂也建在这里，与堂前广场和水口连为一体，成为村口重要的景观建筑区。

第四节 明清古村落

今天保存下来的古村落，大多是明清及其以后形成的古村落，它们不仅传承了自古以来中国传统村落的基本特点，而且成为在时间上离我们最近且实实在在看得见、摸得着的古村落形式。

大夫门第——陕西刘家峁村姜耀祖宅院

姜耀祖宅院位于陕西省米脂县城东 16 千米刘家峁村的牛家梁黄土梁上，由该村清代首富姜耀祖兴建，于清同治十三年（1874 年）动工，光绪十二年（1886 年）竣工，历时 12 年建成。

整个宅院依沟谷从山脚至山顶分为下院、中院、主院（即上院）3 个层次、3 个部分。高度最低的下院，外观有城垣，基础由块石垒起高达 9.5 米的挡土墙，上部再筑女儿墙。进院道路从沟壑底部盘旋而上，路面宽约 4 米，中以石片竖插，既作车马通道，又可兼作雨水排泄之用。道路两侧分置 1 米宽的青石台阶直达寨门，寨门门洞上嵌有“天岳屏藩”的石刻。穿越寨门过涵洞即可到达下院。

下院起初是供管家和佣人使用的，其主体建筑为 3 孔石拱窑，坐西北而朝东南，两厢各有 3 孔石窑。大门为青砖、硬山顶，门额题有“大夫第”3 字，门两侧置抱鼓石 1 对。正面窑洞北侧设有通往上院的暗道。在下院外侧，寨墙北端有“井楼”。井楼内有一口从沟谷向上砌的深井，可随时保证用水需要。寨墙上砌有炮台，形同马面，以作防御之用。

姜耀祖宅院

从下院侧边道路往上，穿越洞门，即可到达二层庭院，即中院。正对着中院门的是一段高 8 米、长 10 米的寨墙，将中院围住，有门洞通往后山。中院坐东北向西南，正中是头门，为五脊六兽硬山顶。头门内设有青砖月洞影壁，其水磨砖雕，精细典雅。中院东西两侧各有 3 间大厢房，附小耳房。按照中国传统宗法制度中的“昭穆之制”和左尊右卑之礼，东厢房比西厢房高出 20 厘米。

高度最高的院落为上院，即主院，是整个建筑群的核心部分。它坐东北而向西南，正面的 5 孔石窑为上窑，院子两侧各 3 孔厢窑。在 5 孔上窑的左右两侧对称分布着双院。整个上院的布局为“五明四暗六厢窑”，为陕北地区最高级的宅院形式。上院的垂花门为整个宅院的精品，砖木结构，小爪状雀替、木构件皆为彩绘，其他宅院装饰也极为精美。

宅院后面筑有寨墙，有寨门通往后山。整个大院设计与山势浑然天成，是陕北地区窑洞院落的典型代表。

士绅古寨——河南康店村康百万窑洞庄园

康百万窑洞庄园是一座较有名气的士绅古寨，位于河南省西部巩义市城西3千米的邙山脚下，隶属于康店村。它北依黄河，西近洛水，南有黑石关天险，地形险要，环境幽静，是一处僻静的乡村庄园。

康百万庄园是从清初到清末的200多年时间里分期分批逐步建成的。据说，康氏家族在明代初年从山西迁至巩县后，至清朝康家第15代时开始发家。经商赚钱后，康家广置田产，其田产当时分布在河南、陕西、山东等省。在河南经商的同时，一方面将河南粮食漕运至山东，再从山东运回大量的食盐，从而大获其利。当时仅在山东的资金就达百万，故山东人送号“康百万”。

庄园规模很大，总建筑面积约64300平方米，分为寨上区、寨下区及许多外围院落。其特点是临街建楼房、靠崖筑窑洞，是黄土高原典型的堡垒式庄园。

康百万庄园

庄园外围院落配套齐全，除南大院之外，分布有作坊区、栈房区、饲养区、金谷寨、祠堂、花园、菜园等。庄园共有 32 个庭院、53 座楼房、97 间平房、73 孔靠山窑洞，是一座规模极大的窑洞与房舍两相结合的建筑群。

康百万庄园内景

由于康氏家族在当地极为富有，为了防止土匪打劫和避免战乱的损失，整个庄园充分体现出安全防御的设计。寨上区的住宅坐西朝东，背靠邙山。沿崖壁分布着用砖石砌筑的坚固寨墙，墙高 10 米，周长 1000 余米，墙上带雉堞，寨门为石拱门洞，门额上镶嵌着“康百万庄园”的大石匾。

进寨门后，通过石涵洞，便到达寨上区约 500 平方米大小的外院广场。石涵洞出口处上方还建有岗楼，作为寨门的控制点。

广场南侧为石刻碑林。广场北侧一字排开分列着 5 座院落，由东而西分别为老院、边院、中院、里院、新院。广场西侧为南院。各院落均仿效北方四合院结构，依中轴线对称排列。正中上房（堂屋）一般为崖壁式靠山窑洞，冬暖夏凉，是最理想的卧室。

老院是庄园中最早的宅院，南北轴线贯通全院。院落呈狭长形，四开门倒座，中设大门，进大门为老院的前庭院。庭院东侧为三开门厢房，正中为三开间过厅，均雕梁画栋。过厅之后过二门，为狭长的内院，北端是三开间木构架堂屋，是该院建筑的最高点，康家长辈居住之处即在此。

中院为五开间倒座，以中轴线对称布局，建筑规模逊于老院，但其砖、木、石等构件均雕饰得千姿百态、富丽堂皇。宅院内种有一株百年无核葡萄树，郁郁浓荫覆盖前庭院，这在北方地区极为少见。过二门为后院，东西两厢房为砖木结构的三间二层楼房及一间耳房，正中上房（堂屋）为三孔靠崖窑洞。两层结构说明其建造等级较高，主人地位较尊。

里院的中轴线北端为三孔窑洞居室。新院实为里院的附属庭院。其西侧

分布着5孔靠崖窑洞。在西北角的一孔窑洞壁上镶着16块书法雕刻，被称为书法珍品。

总之，康百万庄园总体布局完整，讲究因山就势，人与自然有机融合，空间变化丰富多彩，景观构成多种多样，成为豫西地区典型的且保存较好的窑洞村寨。

佛顶山下的明清古村落——贵州石阡楼上村

楼上村背山临水，周围千年翠柏耸立，鹄鸟绕树，田园葱郁，村寨古朴，民风淳朴，人与自然和谐与共，置身其间如处宁静和谐的世外桃源，心旷神怡。

楼上村古称寨纪，始建于明弘治六年（1494年），是一座以周氏家族为主的血缘村落，地处佛教名山——佛顶山脚下，与佛顶山自然保护区紧紧相连，距石阡县南部15千米，古村落集古楼、古屋、古巷、古桥、古井、古树、古墓、古书、古风、古韵于一身，被誉为“佛顶山下的明清古村落”。

楼上村祖先依天文地理，选址建村，左青龙（寨左的廖贤河），右白虎（寨右的山峰），前朱雀（寨前古树上的白鹭），后玄武（寨后的龟山）。以“北斗七星”树为中心，以“北斗七星”的天枢至摇光交天权与天玑形成四个系象限，划分为不同的四个分区：其东南象限为生产区，西南象限为居住区，西北象限为娱乐区，东北象限为墓葬区，功能分区明确，让人惊叹。而居住区的布局更让人惊奇，整个居民区的道路结构为一“斗”字，“斗”字的起点为一三合院（马桑木老宅）的中心，结束点为村寨的水源（天福井），且起点位于北斗七星中天权——天玑星的连线上。

楼上村民居

绿树掩映群山环抱的楼上古寨，

百年古树随处可见，最壮观的是南明永历八年（1654 年）建造的梓潼阁前那 7 棵胸径 2 米左右的古枫树，高达 40 多米，呈北斗七星状分布。千余只白鹤在树冠安家，形成村中一道奇观风景。梓潼阁现存正殿 5 间，有南北两厢及院落、后殿、戏楼等。

建于明末崇祯二年（1629 年）的南桂桥，桥身由一整块青石组成，因前面有两棵楠木和桂花树而得名。当年的楠木和桂树高大挺拔，枝繁叶茂，酷似别具一格的寨门。沿着幽幽古巷穿行寨中，2000 多米的道路结构呈甲骨文“寿”字形延伸。村民房屋多是木结构的石屋四合院、三合院，坐北面南依山而建，建筑精致，花窗精雕细刻，技艺精湛，透出明清建筑风貌。特别值得一提的是这里独具特色的“歪门”四合院，各家各户的龙门歪着开，青石板古巷斜着走，这种格局据说是以前的大户人家财不外露的体现，也反映出这里的人们安居乐业、不夸饰、不张扬、含蓄朴实的民风气息。

漫步村中，古风扑面而来。周氏宗祠面阔三间，大梁题记为“贵州思石二府新二甲所楼上住居”“大清光绪拾玖年岁在癸巳仲冬月上旬建立”，西廊间有《轮水石碑记》一块。始建于清代的葛凉寺，20 世纪 80 年代被拆迁改为粮站点，其正殿三间，建筑构架保存基本完好。神皇庙建于清代，现存石阶也保护完好。

村中有多处古墓，阴宅阳宅相依相靠，墓冢文化深厚，有四方碑古墓、九子十秀才古墓、文林郎古墓等，墓群建造别具特色，慕名前往观赏者不断。小屯寺规模宏伟，殿宇辉煌，陈设典雅，现存正殿、寺院基址、和尚墓群、天井院落，其石墁院坝、石阶、石凳、石鼓、石缸均保护完好。其中，5 座和尚古墓距今约 200 年，均有石碑可考。

周姓家族一直推行勤、俭、忍、让、孝、礼、义、耕、读的处世之道，几百年来，周姓人秉承勤学苦读之风，人才辈出，先后出进士、贡生、秀才等 40 多人。

楼上村村民至今保持着独特的汉族古代民族风俗，有哭丧哭嫁、吹唢呐、民间刺绣、扭秧歌、敬酒歌等。每年清明节，这里都要举行隆重的清明会，届时会有很多民俗活动展演。

第八章

人杰地灵的文化古村落

本章收录的古村落都具有厚重的文化底蕴、独特的人文历史景观以及优美的自然环境，特别注重田园风光、山水美景，小桥流水与文化诗书的熏陶，遵循孔孟之道，秉承勤学苦读之风，千百年来人才辈出。

第一节 理学渊源——江西婺源理坑

理坑是中国历史文化名村，原名理源，位于婺源县城56千米外的沱川乡。该村建于北宋末年，村人好读成风，崇尚“读朱子之节，服朱子之教，秉朱子之礼”，被文人学者赞为“理学渊源”之地。

踏寻理学渊源

偏僻的山村理坑，秉承勤学苦读之风，人才辈出，这里先后出过尚书余懋衡、大理寺正卿余启元、司马余维枢、知府余自怡等七品以上官宦36人，进士16人，文人学士92人，著作达333部582卷之多，其中5部78卷被列入《四库全书》，可见昔日的辉煌。至今仍保存完好的古建筑有明代崇祯年间广州知府余自怡的“官厅”，明代天启年间吏部尚书余懋衡的“天官上卿”，明代万历年间户部右侍郎、工部尚书余懋学的“尚书第”，清代顺治年间司马余维枢的“司马第”，清代道光年间茶商余显辉的“诒裕堂”，还有花园式的“云溪别墅”，园林式建筑“花厅”，颇具传奇色彩的“金家井”。这些古建筑粉墙黛瓦，飞檐戗角、“三雕”

理坑

工艺精湛，布局科学，合理，冬暖夏凉。理坑已被列入江西省级重点文物保护单位，是全国百个民俗文化村之一。

理坑处于婺源县东北面的山旮旯里面，一条小路弯弯曲曲载着当地乡亲和外地游客进出。历史上，婺源也隶属于古徽州，理坑与黟县就隔着道山，理坑的建筑自然也就徽派的建筑风格。在理坑，无论从水口的廊桥、村口的如同手臂形的小山，到背后的靠山以及远方的高山都让人感到是一片宝地，也许正是这种“保护”使得理坑没有像西递那样遭受太多的外来冲击。整个村落最精致的就算是那条山溪和沿河的黛瓦灰墙、马头墙重重的建筑群了。山溪在当地称为“坑”，这也是理坑的“坑”的来历，而“理”字则出自理学理坑原来称“理源”，顾名思义，即为理学渊源之地，素有“山中邹鲁”之美誉。山溪自东北向西南流动，水清澈而具有活力，但是从水流的速度、曲折性来看，似乎有点快和直为了弥补这种缺憾，当地人在村口水去的地方，建了一座桥，风水意义上即为“水口”。在水口和村落中间的河床上，布满了一些木条和石碣，以此来减缓水流的速度，从而达到水“含情脉脉，一步三回头”的纳气效果。

民风好学的理坑

理坑始建于北宋末年，它虽偏居山村一隅，村民们却好读成风。据《沱川余氏宗谱》记载：沱川余氏始祖余道潜，与朱熹的父亲朱松是宋徽宗重和八年（1118 年）同科进士。余道潜于庚子年（1120 年）由安徽桐城迁沱川篁村。其后代余景阳，于1206 年迁居理坑，距今已近800 年。

理坑是一座真正意义上的书生之乡，一直以来，当地人都崇尚“读朱子之书，服朱子之教，秉朱子之礼”的儒家理想。在理坑村边，有一条小溪，每天下午都会有不少妇人在这里洗衣服。河水两侧，可谓是全村最热闹的地方。在溪水上方，有一座石桥，名曰“天心桥”，不管何时都有老人在上面对弈、晒太阳。

拥有徽派建筑的经典之作与徽州商人经营之道的理坑，是徽州民俗与赣文化的集结之地。走进村口，聆听小河潺潺流水，穿行于古镇老街的小巷，欣赏那精美的雕梁画栋，仰望那高耸入云的马头墙，遐想着高墙内昔日的辉煌。在农家，喝上一杯新做的婺源绿茶，感受高墙下淳朴的民俗民风。那种自在、舒适、惬意，油然而生。

知识链接

理坑的串堂班

理坑人家有婚嫁寿诞等喜事，为求吉庆热闹都会请串堂班在宴席间演奏，场面十分热闹。客人边吃喝边听奏乐，别有一番趣味。串堂班是一种民间音乐组织，成员一般6到8人，有的是以此为生的乐队，有的是农闲时临时邀集而成，如今基本上是后一种。串堂班有大锣、云锣、小锣、鼓、钹、唢呐、笛子、二胡、京胡、三弦等乐器。每人擅长两三种乐器，班主由文、武场技巧全面者担任。打击乐器固定在一个特制的担子上面，可挑可拆，便于串堂。宴请宾客时，亦请串堂班伴奏，以示对宾客的尊重和主人的富有。有时，逢村族喜庆或私人“堂会”等场面大而隆重的活动，串堂班亦可唱戏。乐者担任戏中某个或几个角色，生旦丑末净唱念兼备。腔调有徽腔、京腔、黄梅戏等。

第二节 千年不断的文脉——京西灵水举人村

位于北京西门头沟的军响乡灵水村，形成于辽金时代，不仅村落古老庞大，辽、金、元、明、清时的古民居多，而且多古庙遗址。村里还有很多古树名木，浓浓的绿荫庇护着勃勃的生机，汩汩的清泉溪流滋润着这座古老的山村。

儒雅的灵水村

走进灵水村，不禁让人由衷地赞叹它的文脉千年不断。深厚的历史积淀赋予灵水村的儒雅气质，全写在斑驳的砖瓦上，寺庙的残柱间，老宅的天井里。村西莲花山下的灵泉禅寺，是灵水村有文字记载的最早寺庙，也是有文字记载北京地区最早的佛教寺院。

明代《宛署杂记》记载："灵泉禅寺，在凌（灵）水村起自汉，弘治年间（1485—1505 年）僧海员重修，庶吉士论记。"原有的汉代建筑已是片瓦无存了，如今我们只能从该寺明代的情况对它作一进步了解了。

灵泉禅寺有三重大殿，坐北朝南，山门青砖仿木结构，歇山式脊、筒瓦顶，有吻兽、垂兽，四角悬风铃，石刻件拼砌发券门洞，门额有"灵泉禅寺"石刻，并有题记"大明嘉靖癸巳（1553 年）七月吉日重开山门第一代住持圆恭立"字样。山门两侧青砖砌筑旁门一座，山门后为天王殿、三世佛殿、三大士殿。三世佛殿面阔三间，悬山脊筒瓦顶，有斗拱，拱眼壁绘佛像。殿前有宽大的月台，三世佛殿两侧各有旁门，东侧有配房三间，西侧有四合式跨院。三大世殿面阔三间，两侧为僧房。从记载中，我们可以看出灵泉禅寺宏大的建筑规模和曾经旺盛的香火。灵泉寺现仅存一座山门、一棵古槐、两株银杏树，其中一棵银杏树为雌雄共体，每年都结下金色的果实。

村西有南海火龙王庙、天仙圣母庙、观音堂、二郎庙，这 4 座庙宇紧紧相邻。南海火龙王庙居于建筑群的中央，相传建于金代，明嘉靖十五年（1536 年）重建。现主要殿堂已无存，只存拔券山门。山门为青砖建筑，有吻兽，青砖刻匾，周围刻有莲瓣，中刻"南海火龙王庙"，并有款刻"大明嘉靖岁次丙申（1536 年）重阳吉日造，曾林乡重修"字样。

院中两株直径达两三米的千年古柏，一株金代古柏躯干的树洞中间寄生了直径 20 厘米的桑树，桑柏两树，枝繁叶茂，姿态奇绝；另一株金代古柏粗干下部的杈中，寄生出的榆树直径达 70 厘米，榆柏两树，苍黛交映，情趣盎然。人们称之为"柏抱桑"和"柏抱榆"，是灵水村中的"灵水八景"中两景，也是北京的"古柏奇观"中的两大奇观。

文化的认同

灵水村，背靠独山莲花峰，前临清水河，有古井、古碾、古宅院、寺庙、商号、寄生树，物华天宝，人杰地灵。该村尤以知府刘懋恒及举人刘增广倡导谦让、乐善好施最著名，故名“京西举人村”。该村的千年古树“柏抱榆”和“柏抱桑”京都无二；古银杏“雌雄同株”此处仅有；五进“四合院”山区罕见；灵泉寺建于汉代，历史悠久；三十六盘碾，君子不争；七十二眼井，饮水思源；魁星楼、文昌阁，文星高照；多儒商，遍京津，八大商号；尊师长，重教育，代代传留。

在斋堂东北面不远，即远近闻名的古村落灵水村。原称“冷水”“凌水”，村落地处因山谷之间却有丰沛的水源，传言村中曾有水井 70 口，古人的数目字基本上属于玄学，但水井众多却是真实的，几乎随处可见，不过如今已经全部废弃不用。灵水村只有 200 余户人家，但自古有崇尚文化的遗风。在明清科举制度下，出过 22 名举人，2 名进士；到了民国初年有 6 人毕业于北京燕京大学。虽属一个较封闭的深山村落，但文化底蕴居然如此深厚，的确难能可贵。

正是这种对文化的认同，让灵水村颇有儒雅之风。自明朝永乐八年（1375 年）村中即有社学，私塾更是众多。清代光绪三十二年（1906 年），在家中守孝的甲午科（光绪二十一年，1885 年）举人，历任山西左云县、静乐县知县，吉州知州、候补知府的刘增广倡导在木城涧玉皇庙建立新式学堂，此为北京地区最早的新式学堂，实为难得。灵水村中的新式学堂也在 1893 年兴建。

每年的正月十五，京西斋堂川一带，有转灯场的习俗。有些村子的转灯场活动较为简单，只是晚上举着灯在村里转转而已。其中斋堂村为九曲黄河灯，马栏村为八卦灯，灵水村为万字灯。有些村子没有灯阵，场面也比较隆重、热闹。有的村转灯活动 3 年才举办一次，而灵水村却一年一次。届时，桑峪、军响、东胡林、西胡林几个村子的人都喜欢到灵水观看转灯场活动。在夜间的山路上，人们举着灯笼、火把一起向灵水村口的灯场集聚，欣赏欢快的音乐演奏，注目受人尊敬的神棚，观看灯火通明的灯阵。

第三节
人杰地灵古村落

曾国藩故里——湖南双峰荷叶乡

在南岳北侧50千米左右的九峰山南麓，有一块沃野平畴之地，俯瞰似一片巨大的荷叶，故称荷叶乡，原属湘乡县，今属双峰县，这就是清代重臣曾国藩的故乡。

曾国藩，字伯涵，号涤生，生于清嘉庆十六年（1811年）十月十一日，卒于同治十一年（1872年）二月四日。道光十八年（1838年）中进士，先后晋升为两江总督，直隶总督，诏加“太子太保”，赐封“一等毅勇侯”，授“英武殿大学士”，升“光禄大夫”，卒后谥称“文正公”。

曾国藩作为晚清第一名臣，是一个很复杂、有争议甚至带有传奇色彩的人物。但不可否认的是，曾国藩对晚清社会尤其是对中国近代史产生了深刻的影响。比如他倡导自强救国的洋务运动，开办近代军事工业，派遣留学生出国学习技术，他在立德、立功、立言以及治国、治军、治学、治家、治身等方面都颇有建树，所有这些对后世都不无启迪和借鉴意义。

曾国藩故居由出生地白玉堂、青少年时期居住的黄金堂和封侯之后建造的富厚堂3部分组成。

白玉堂是曾国藩的出生地，坐落在荷叶乡的天坪村。全屋三进两横，砖木结构，青砖青瓦，双层飞檐，粉壁墨画，颇为壮观。大屋共有48间房，6个天井；大厅中有两个大天井，栽植各种花木，饰为花厅；厅前有一大坪，坪前是半月形池塘，有石垣自“月牙”两头延伸，将全屋环绕，构成一个格局分明的居住环境，曾国藩的童年就在此度过。

黄金堂是曾国藩青少年时代的住所，坐落在荷叶乡良江村，背靠猫形山，

朝向飞鹅山，门前有一口池塘，塘前一脉小河，河前良田百亩。房屋为砖木结构，三进两横，四周古树环绕。曾国藩成婚后，夫人欧阳氏就长住在这里。这里要特别一提的是曾国藩的读书楼，环境之妙，令人叫绝。该楼后靠威武的官帽山，前有规整的官印山，左右峙山环抱，中有溪水环绕，前方远景开阔，着实是个读书的上佳之地。

富厚堂是曾国藩封侯之后为自己将来准备的“退隐之所”，坐落在荷叶乡富托村。整个建筑被半月形鳌鱼山从东、北、西三面紧紧环抱，远远望去，富厚堂恰似坐在一把太师椅中，被认为是当地的“第一等屋场”。

富厚堂始建于清同治四年（1865 年），由曾国潢、曾国荃、曾纪泽经手主持。依照侯府规模建造，历时 9 年完工，总占地面积 4 万多平方米，建筑面积 26000 多平方米，土石砖木结构。当年正门上悬挂着朝廷赐封的“毅勇侯第”朱底金字直匾，门前花岗石月台上飘着大清龙凤旗、湘军帅旗、万人伞等，景象之壮观，气势之威武，令人叹为观止。

富厚堂建筑体系庞大，内外辟有八本堂、求阙斋、归朴斋、艺芳馆、思云馆、八宝台、辑园、鸟鹤楼、棋亭、藏书楼等各种建筑。宅后围墙内还有一片山坡，种植竹木，古樟翠柏，扶疏参天，建筑群就掩映在这一片绿林之中。

曾国藩的曾孙女曾宝荪在《我的家世》中对此建筑群的描述是：“这栋大屋，大体照侯府规制盖的，宅有东西两门，进来是一个半月形石板大坪，半月形大坪外，是一张大塘，也是半月形，犹如‘泮宫’，中门因为门楼很宽，所以并不显得很高大，门上有‘毅勇侯第’四个大金字直匾，进了大门，便像北京的四合院。”

曾国藩故居

富厚堂的精华部分是 4 座藏书楼，通体青砖结构，充分考虑了藏书和阅读的需要。该楼藏书曾达 30 余万卷，为中南地区最大的私家藏书楼，也是中国近代四大著名藏书楼之一。这里曾经造就了一代又一代曾

家英杰，如数学家曾纪鸿、外交家曾纪泽、教育家曾宝荪和曾约农等。

此外，值得一提的是，荷叶乡这块乡间僻壤之地，清代以来一直是名人辈出的地方，除了曾国藩以外，还走出了曾国荃、曾纪泽、曾广钧、曾约农、曾昭抡、曾昭烯、葛健豪、唐群英、蔡和森、蔡畅、曾宝荪、曾宪植等赫赫有名的历史人物。曾国藩五兄弟皆受到皇封，曾国藩、曾国荃二人相继出任两江总督，官至极品。荷叶乡又被称为“中华女杰之乡”。20 世纪末在中国举办世界妇女大会前后，国内媒体评选出 20 世纪“中华百年八大女杰”，出生在荷叶乡或在荷叶乡婆家生活过的女杰就占了四位，她们是秋瑾、蔡畅、唐群英、向警予。

遗憾的是，曾国藩家乡的古迹破坏严重，除了富厚堂建筑群被完整地保存下来之外，其他乡村建筑均因年久失修而破败不堪。

徽州“小杭州”——安徽旌德江村

江村距黄山风景区约 30 余千米，建村近 1400 年。整个村落枕山环水，阡陌纵横，群峰拱秀，双溪萦绕，古祠巍峨，牌楼高耸，民居古朴，石道清幽，是一个历经沧桑的古村。江村建于隋末唐初，咸丰初年人口达 8 万余人，号称“小杭州”。

古村形似一把太师椅，东南北环山，三面坡，西面开阔平敞，中间是村落建筑。村中双溪环绕，村口为聚秀湖，水口为狮山、象山把守，如太师椅的两把扶手。

江村不仅有美名远扬的“江村十景”等自然景观，还有江村总祠、溥公祠、孝子祠、父子进士坊等古朴的人文古迹。古村上众多的民居、老街、牌坊，相对集中，连成一片，既与皖南其他古景点有共同之处，又有独特的内涵和神秘的色彩。

江村在设计水口时，赐予村落以深厚的文化内涵：聚秀湖是砚台，牌坊是墨，宝塔（文昌塔）是笔，大地是硕大的纸，寓意江村文风昌盛。龙溪、凤溪从江村的两旁流出，在村口汇聚成聚秀湖，清亮的聚秀湖把江村所有的美丽都装进去了：湖中躺着的是金鳌山，山那边是绩溪上庄。当年的胡适就是翻过这座山来江村相亲的，江冬秀的花轿也是从山边的小道抬到上庄的。

江村原有牌坊 18 座，历尽沧桑，保存至今的原牌坊仅有父子进士坊两

座。金鳌江氏第 48 代江汉和第 49 代江文敏均为明朝进士，父子同朝做官，成为当时徽州一大奇谈。父子进士坊是江村后人为表彰其父子而建：父坊正面雕有狮子（威严）、麒麟（吉祥）、凤凰（繁荣），背面“双凤”表示江汉、江溥堂兄弟分别中甲、乙科进士，像两只凤凰展翅高飞、鹏程万里；子坊右鲤鱼表示“鲤鱼跳龙门”，左龙凤表示“龙凤呈祥”。另外，新修复的进士第牌坊，据说是我国民间仅存的一座汉白玉牌坊。

江村所存名人故居有“三堂一墅两居”：木雕精美的进修堂、民国代总理江朝宗的祖居的茂承堂、笃修堂、黯然别墅、江冬秀故居和江泽涵故居。

明代建筑笃修堂，是江村现存年代最久的古民居。民居江村是近代兄弟博士江绍铨、江绍原及清代光绪年间“叔侄翰林”江树昀、江希曾的祖居，也是清代医学家江希舜的祖居。现只保存了原来的五分之一，堂门两侧有两根扃形的旗杆石，按封建等级规定，它是身份地位的象征，只有两品以上的官才能用扃形的旗杆石。大门是牌坊式门楼，砖雕精美，次门楼五檐门罩也只有二品以上大官才能采用。门槛很高，要进屋，先得跨上几级台阶（古时门槛越高，身价便越高）。进屋有一道门，中间的是中门，只有七品以上的人物来访才开中门，女子也只有在婚丧两天可从中门过，两边的便是边门。由此可见，当时的等级制度之森严。该堂厅房抬首有一块“椿庭衍庆”匾，屋内壁板上面还依稀可见江希曾进士、江绍宗举人中举时的捷报。

江村青石老街长约350米，源起溥公祠，止于江氏宗祠。沿街有数家商店，大多为前店后坊式，呈明清风貌，高高的马头墙，青青的蝴蝶瓦，清新典雅。南北走向的老街弯成三曲，不但有“山重水复疑无路，柳暗花明又一村”的效果，而且隔断经商，互不干扰，又相互连通，防风、防火、防寒，独具匠心。

溥公祠又称六分祠，祠主江博为江氏第 48 代明朝进士。凡到过江村的游客都被它的巍峨雄姿与气势吸引，都为它的精雕细镂惊叹而驻足，它是江村这座古村落的重要标志。溥公祠第一进为门楼；第二进称享堂，享堂较宽敞，是家庭议事的主要场所；第三进叫寝堂，是供奉祖先牌位的。整个祠堂共有 36 根圆木柱，天井边 22 根花岗岩方石柱，为的是千秋不腐。屋脊上面有鳌鱼，即“独占鳌头”之意；中间的葫芦宝顶和上面的三角倒叉、天狗，形态逼真，妙趣横生，据说有避邪的作用。屋脊下是一幅近 500 年的壁画，画的中间是“福、禄、寿”三位老寿星，寓意三星高照，象征江氏先人对美好生活的向往。此画色彩鲜艳如初，堪称江村古建筑彩绘一绝。据考证，作画的

颜料是从一种矿物质中提取的，可永不褪色。

季子祠位于老街中段，共三进两天井，据说是全国唯一一座以孝道为主建立的祠堂。祠堂原本为江文昌故居，清光绪年间，后人在旧址上扩建成祠，亦叫“孝友堂”，即孝顺、友善之意。该祠门楣上“明孝子江文昌公祠”几个大字赫然醒目，祠内木柱所有的对联中也都有“孝”字，如“积德箕裘为孝友，传家彝鼎在诗书”。

江氏宗祠系江氏家族的总祠，也是江村的总祠。它有四进两厢两明塘三天井。第一进在民国时期被烧毁，现在可以看到祠堂两边断墙残砖的痕迹。大门外两池清水是用于防火的明塘，两池中间有三步两拱桥通往二门。站在桥上，可见门楼上历遭劫难的雕刻依然精美，汇集并体现了古徽州砖雕、木雕、石雕的艺术精华。总祠前的石鼓代表威严和肃静，门上“先进何曾崇左道，后来切莫走旁门”，语意双关，内涵丰富。江氏宗祠的两口井又称放生池，一年四季水位始终保持不变。其上方是钟鼓楼，楼上存放着钟、鼓、宗谱等，村中有急事时可敲钟击鼓集合族人，楼下壁板里面陈列着祖宗牌位。

聚秀湖南岸的狮山古庙亦叫海神庙、天后娘娘庙，始建于宋崇宁五年(1106 年)，是皖南徽派村落中仅有的一处妈祖庙。

上好的风水加以村民自古以来“重诗书，勤课诵，多延名师以训子弟”的质朴文风，使这里英才辈出。据记载，全村共有书屋学校 9 所，明清时期，江氏族人考取进士、文武举人、明经 126 人，民国最初 10 年又出博士、学士 17 人。

千古第一村——江西乐安流坑村

四面环山、三面环水的流坑，虽少了几分柔媚与温婉，却多了几分苍凉、厚重与矜持。水墨淡彩的山水，坑洼不平的卵石巷，深沉朴实的明清建筑，细腻精致的木雕，文采飞扬的名人墨迹……这就是流坑。

流坑村地处乐安东南山区向西部中低丘陵的过渡带上，四面青山拱抱，所谓“天马南驰，雪峰北耸，玉屏东列，金绛西峙”。流坑距县城 38 千米，距牛田镇 8 千米。五代南唐时开始建村，近千年来，流坑科举之盛、仕宦之众、爵位之崇、经商之富、建筑之全、艺术之美、家族之大、延续之久，在江西是独一无二的，在全国也是少见的。古村集古建筑、历史、艺术、民俗

流坑村

为一体，是中国古代文明的缩影，是古村文化的经典，是一座活的历史博物馆，故有“千古第一村”的美誉。

流坑以规模宏大的传统建筑、风格独特的村落布局而闻名遐迩。明代中叶，古村形成七横（东西向）一竖（南北向）八条街巷，族人按房派宗支分巷居住。巷道设置门楼，门楼之间以村墙连接。巷道内鹅卵石铺地，并建有良好的排水系统。村中现有明清古建筑及遗址计 260 余处，书屋、牌坊、古水井、风雨亭、码头、古桥、古塔遗址等一应俱全，还有水绅山笏宅、真君阁（镇江门）、三官殿、存仁堂、旌表节孝坊、仰山庙大戏台、振卿公墓、董蕃昌夫妇合葬墓、环中公祠等古迹。

村中古建筑均为砖木结构的楼房，高一层半，格局多为二进一天井，质朴而简洁，但建筑装饰十分讲究，集木、砖、石雕（刻）及彩画、墨绘于一体，工艺精湛。明代建筑怀德堂中的雀（爵）鹿（禄）蜂（封）猴（侯）砖雕壁画和永亨堂照壁上镶嵌的“麒麟望日”堆塑，堪称精品。数以百计的屋宇，堂上有匾，门旁有联，门头、墙壁上刻有不少题榜、名额，共计 682 方（处）。

流坑村古建筑代表了江西赣式民居的典型风格和浓厚的地方特色，是我国古典民居建筑中的明珠。建于明朝以来的理学名家宅位于中巷中段，是流坑董氏名宦董隧（号蓉山）故居，也是流坑村中十八栋屋宇连成一体建筑组群厅。大宾第建筑群又称“村中村”，坐落于中巷西端与沙上巷相接处，总体布局呈长方形，文化气息浓厚古雅别致，雍容华贵。

从宋初到清末，村中书塾、学馆历朝不断，明万历时有26所，清道光时达28所。全村曾出文、武状元各1人，进士34人，举人78人。进入仕途者，上至参知政事、尚书，下至主簿、教谕，超过百人。旅行家徐霞客赞曰：“其处阛阓纵横，是为万家之市，而董氏为巨姓，有五桂坊焉。”这里所说的五桂坊是为表彰宋仁宗景祐元年（1034年）董氏一门5人同时中进士而建的纪念牌坊，虽然现在只剩一些牌坊的基石，但其昔日的荣耀依稀可见，是“人才之乡”的明证。始建于明初的文馆位于村北陌兰州大宗祠之西，又名“桂严祠”“江都书院”，是集书院、祀孔和文人祭祖聚会于一体的场所，为流坑村保存至今最大的、也是唯一的一座书院。

始建于南宋孝宗隆兴二年（1164年）的状元楼，位于村西龙湖西岸的棋盘街旁，地处古代流坑村落的制高点，是为纪念当年恩科状元董德元而建，系两层砖木结构的重楼，历代有所修葺，现存状元楼是晚清重修之物。其前门右侧有一米宽的转折叠式木梯通向二楼，二楼正中为神阁，祭堂左右挂有楹联，门楣上挂着理学家朱熹题的“状元楼”的行楷书大匾。走出神阁站在状元楼匾前，凭栏向东眺望，远处，东华、梅岭群峰竞秀，薄雾缭绕；近处，古村主体尽收眼底，村边古木参天，湖水如镜，树影屋影倒映其中，视野开阔，令人心旷神怡。

翰林楼位于贤伯巷东侧出口处，立其上，前可观顺流而下的乌江之水，后可观村中的林立之屋。从楼的建造位置与设计特点来看，此楼既有防御外来侵犯、保护村落安全的关卡性质，又有表彰、纪念明代翰林院编修、国子监司业董琰（字子庄）之意。

流坑村是中国封建宗法社会的一个缩影，村中封建宗族活动的遗存随处可见，特别是那版本众多的谱牒和遍布村巷的祠堂，更是难得的人文景观。现在仍保存有明万历十年（1582年）族谱3本，清代各房谱牒20多个版本，各种宗庙祠堂58座。大宗祠遗址内5根高8米、直径0.7米的花岗岩石柱，傲视苍穹，被称为流坑的“圆明园”。始建于明代的武当阁位于村北面约1公

里处，地处流坑村水流汇合处，是融道教、佛教及其他诸神于一庙的综合性建筑物。始建于清康熙年间的屯田公祠坐落于明经巷东端南侧，是祝奉流坑董氏第三代祖董文肇的宗祠，也是流坑幸存至今最大的一座祠堂。祠堂内石柱林立，硕大厚实，气势凝重，给人一种庄重肃穆之感。

图片授权

全景网

壹图网

中华图片库

林静文化摄影部

敬　启

本书图片的编选，参阅了一些网站和公共图库。由于联系上的困难，我们与部分入选图片的作者未能取得联系，谨致深深的歉意。敬请图片原作者见到本书后，及时与我们联系，以便我们按国家有关规定支付稿酬并赠送样书。

联系邮箱：932389463@ qq. com

参考书目

1. 王鲁湘编. 中国古村落［M］. 杭州：浙江摄影出版社，2012.

2. 曹上秋，周国宝著. 中国古建筑之旅：徽州山水村落［M］. 南京：江苏科学技术出版社，2012.

3. 刘丹华，周国宝著. 中国古建筑之旅：开平碉楼村落［M］. 南京：江苏科学技术出版社，2012.

4. 曾晓华编著. 岭南最后的古村落［M］. 广州：花城出版社，2012.

5. 阳明明编著. 湘西最后的古村落［M］. 广州：花城出版社，2012.

6. 孙克勤，孙博著. 探访中国最美古村落［M］. 北京：冶金工业出版社，2012.

7. 刘沛林著. 正在消失的中国古文明古村落［M］. 北京：国家行政学院出版社，2012.

8. 周致元，郭学勤著. 皖南古村落［M］. 北京：中国旅游出版社，2012.

9. 吴重庆著. 华南古村落［M］. 北京：北京大学出版社，2011.

10. 孙克勤，宋官雅，孙博著. 探访京西古村落［M］. 北京：中国画报出版社，2006.

11. 丛书编写组编著. 走到底：中国 50 个古村落［M］. 北京：东方出版社，2004.

12. 陈志华编著. 乡土中国——楠溪江中游古村落［M］. 北京：三联书店，1999.

中国传统民俗文化丛书

一、古代人物系列（9 本）

1. 中国古代乞丐
2. 中国古代道士
3. 中国古代名帝
4. 中国古代名将
5. 中国古代名相
6. 中国古代文人
7. 中国古代高僧
8. 中国古代太监
9. 中国古代侠士

二、古代民俗系列（8 本）

1. 中国古代民俗
2. 中国古代玩具
3. 中国古代服饰
4. 中国古代丧葬
5. 中国古代节日
6. 中国古代面具
7. 中国古代祭祀
8. 中国古代剪纸

三、古代收藏系列（16 本）

1. 中国古代金银器
2. 中国古代漆器
3. 中国古代藏书
4. 中国古代石雕
5. 中国古代雕刻
6. 中国古代书法
7. 中国古代木雕
8. 中国古代玉器
9. 中国古代青铜器
10. 中国古代瓷器
11. 中国古代钱币
12. 中国古代酒具
13. 中国古代家具
14. 中国古代陶器
15. 中国古代年画
16. 中国古代砖雕

四、古代建筑系列（12 本）

1. 中国古代建筑
2. 中国古代城墙
3. 中国古代陵墓
4. 中国古代砖瓦
5. 中国古代桥梁
6. 中国古塔
7. 中国古镇
8. 中国古代楼阁
9. 中国古都
10. 中国古代长城
11. 中国古代宫殿
12. 中国古代寺庙

五、古代科学技术系列（14 本）

1. 中国古代科技
2. 中国古代农业
3. 中国古代水利
4. 中国古代医学
5. 中国古代版画
6. 中国古代养殖
7. 中国古代船舶
8. 中国古代兵器
9. 中国古代纺织与印染
10. 中国古代农具
11. 中国古代园艺
12. 中国古代天文历法
13. 中国古代印刷
14. 中国古代地理

六、古代政治经济制度系列（13 本）

1. 中国古代经济
2. 中国古代科举
3. 中国古代邮驿
4. 中国古代赋税
5. 中国古代关隘
6. 中国古代交通
7. 中国古代商号
8. 中国古代官制
9. 中国古代航海
10. 中国古代贸易
11. 中国古代军队
12. 中国古代法律
13. 中国古代战争

七、古代文化系列（17 本）

1. 中国古代婚姻
2. 中国古代武术
3. 中国古代城市
4. 中国古代教育
5. 中国古代家训
6. 中国古代书院
7. 中国古代典籍
8. 中国古代石窟
9. 中国古代战场
10. 中国古代礼仪
11. 中国古村落
12. 中国古代体育
13. 中国古代姓氏
14. 中国古代文房四宝
15. 中国古代饮食
16. 中国古代娱乐
17. 中国古代兵书

八、古代艺术系列（11 本）

1. 中国古代艺术
2. 中国古代戏曲
3. 中国古代绘画
4. 中国古代音乐
5. 中国古代文学
6. 中国古代乐器
7. 中国古代刺绣
8. 中国古代碑刻
9. 中国古代舞蹈
10. 中国古代篆刻
11. 中国古代杂技